AF311774

PORCELAINES ANCIENNES

SCULPTURES, OBJETS D'ART, BRONZES

TABLEAUX ANCIENS ET MODERNES

Charles Ephrussi

IMPRIMERIE DE H. STETTINER

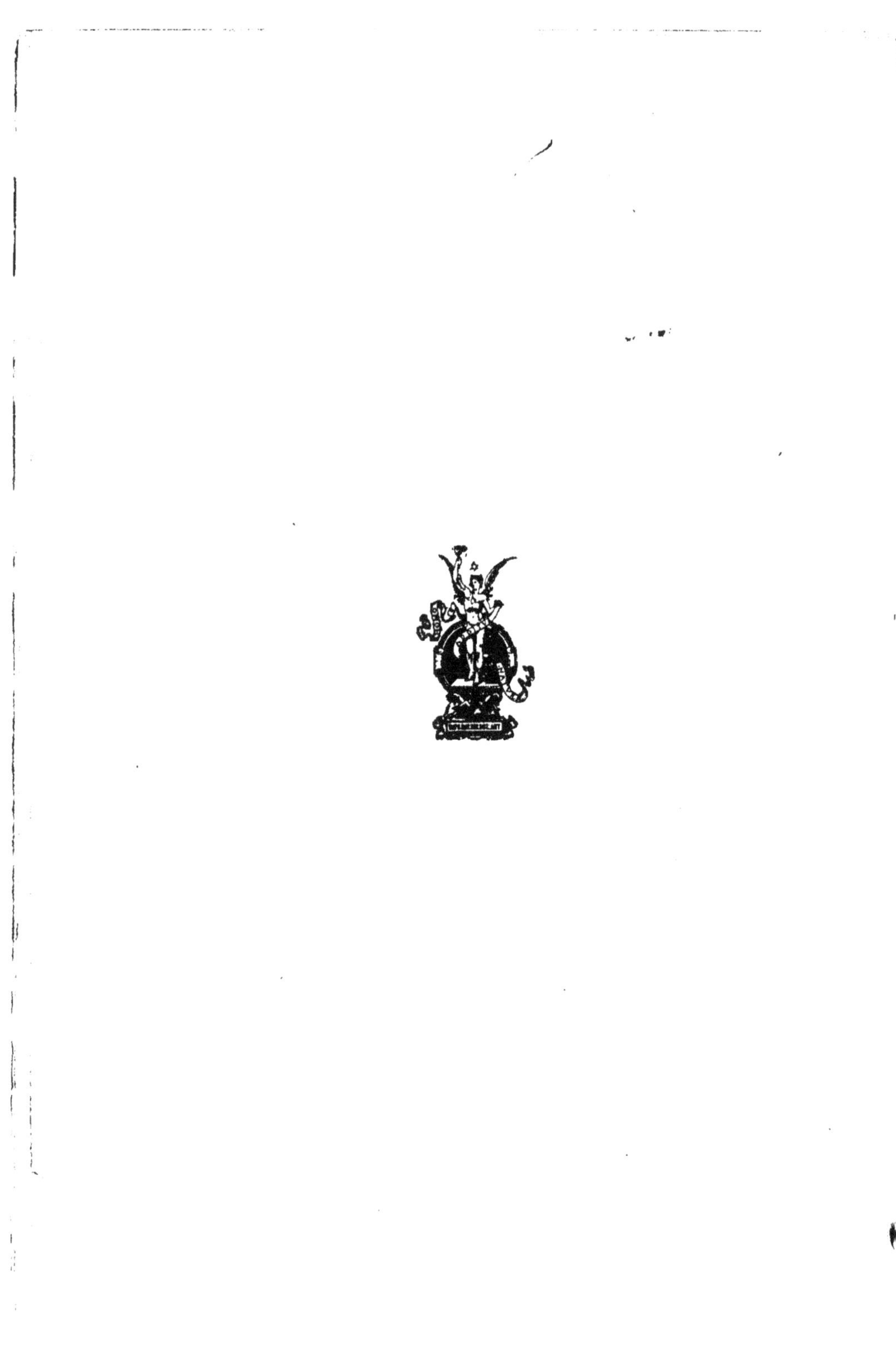

CATALOGUE

DES

PORCELAINES ANCIENNES

Principalement

DES MANUFACTURES DE SAXE ET DE SÈVRES

Et des Fabriques d'

ALLEMAGNE, ANGLETERRE, ANSPACH, ARRAS, BERLIN, CHANTILLY,
CHELSEA, CHINE, FRANKENTHAL, FURSTENBERG, HŒCHST,
INDES, ITALIE, LOUISBOURG, MENNECY, PARIS, SAINT-CLOUD,
TOURNAI, VIENNE, VINCENNES, WEDGWOOD, WORCESTER, ETC., ETC.

FAIENCES ANCIENNES DIVERSES

OBJETS D'ART ET DE CURIOSITÉ

OBJETS DIVERS — TABLEAUX ANCIENS ET MODERNES

Sculptures anciennes en bronze et Terre cuite

OBJETS DE VITRINE — BIJOUX, ETC.

BRONZES D'AMEUBLEMENT DU TEMPS DE L'EMPIRE

Étoffes — Meubles, etc., etc.

Provenant de la Collection d'un Amateur

Et dont la vente aux enchères publiques aura lieu

HOTEL DROUOT, SALLE N° 10

Du Lundi 8 Mars au Samedi 13 Mars 1909

A DEUX HEURES PRÉCISES

COMMISSAIRES-PRISEURS

Mᵉ ÉMILE BOUDIN　　　　**Mᵉ F. LAIR-DUBREUIL**

14, rue de la Grange-Batelière　　　6, rue Favart

EXPERTS

M. STETTINER　　　**MM. PAULME & B. LASQUIN Fils**

8, rue de Sèze　　　10, rue Chauchat — 12, rue Laffitte

PARIS

Chez lesquels se distribue le présent Catalogue

EXPOSITION PUBLIQUE

Le Dimanche 7 Mars 1909, Salles Nᵒˢ 9 et 10 réunies, de 2 h. à 5 heures.

CONDITIONS DE LA VENTE

Elle aura lieu au comptant.

Les adjudicataires paieront *dix pour cent* en sus des prix d'adjudication.

L'exposition permettant aux amateurs de se rendre compte de l'état et de la nature des objets mis en vente, *aucune réclamation*, pour quelque cause que ce soit, ne sera admise une fois l'adjudication prononcée.

Dans l'intérêt de la vente, les experts se réservent la faculté de rassembler ou diviser les lots.

Paris — Imp. de l'Art, Ch. Berger, 41, rue de la Victoire.

ORDRE DES VACATIONS

Lundi 8 Mars, à 2 heures

Porcelaines diverses	1 à 100
Porcelaines de Saxe	531 à 569

Mardi 9 Mars

Porcelaines diverses	101 à 212
Porcelaines de Sèvres	630 à 659

Mercredi 10 Mars

Porcelaines de Saxe	213 à 353
Porcelaines de Sèvres	614 à 629

Jeudi 11 Mars

Porcelaines de Sèvres	570 à 613
Porcelaines de Saxe	420 à 530

Vendredi 12 Mars

Porcelaines de Saxe	354 à 419
Porcelaines diverses	660 à 685
Objets variés	747 à 786 *bis*

Samedi 13 Mars

Tableaux	686 à 689
Sculptures	690 à 717 *bis*
Objets de vitrine, Bijoux, etc.	718 à 746
Bronzes d'ameublement	787 à 833
Meubles, Étoffes	834 à 852

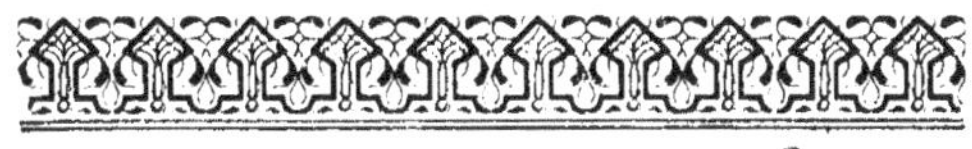

DÉSIGNATION

PORCELAINES ANCIENNES

DE FABRIQUES DIVERSES

FAIENCES ET CÉRAMIQUES VARIÉES

1 — Sous ce numéro, seront vendues les porcelaines et faïences non cataloguées.

2 — **Allemagne.** Cruche à anse en ancien grès, en partie émaillé. (*Col fracturé.*)

3 — **Allemagne.** Statuette de garçon, avec poignard, tenant une lettre à la main.

4 — **Allemagne.** Deux très petites statuettes : costumes chinois.

5 — **Allemagne.** Fragments de surtout de table, comprenant : seize petits socles, cubiques et douze petits vases à fleurs de forme variée.

6 — **Allemagne.** Très petit flacon, forme œuf, décor : châlet.

7 — **Allemagne** Flacon, forme œuf, décor : ange de Raphaël.

8 — **Allemagne.** Deux très petits socles à rocailles.

9 — **Allemagne.** Deux petites salières, forme lobée, fond jaune, et médaillons fleurs.

10 — **Allemagne.** Tasse (anse manque), décor : fleurs en camaïeu rose.

11 — **Allemagne.** Moutardier à anse, à côtes en relief et fleurs.

12 — **Allemagne.** Sucrier ovale à couvercle surmonté d'une fleur, décor de bouquets.

13 — **Allemagne.** Porte-bouquet-appliqué, forme cul-de-lampe, décor à rocailles en relief, avec médaillons à personnages en camaïeu rouge.

14 — **Allemagne.** Grand cache-pot, à deux anses, décoré de fleurs. (*Fracturé.*)

15 — **Allemagne.** Deux coupes ovales, bord vannerie et fond à sujets Teniers.

16 — **Allemagne.** Coupe ajourée en porcelaine blanche, monture à anses en bronze doré.

17 — **Allemagne.** Corbeille ronde ajourée à deux anses ; au centre, bouquet de fleurs.

18 — **Allemagne.** Vase de nuit à anse, à décor de bouquets de fleurs.

19 — **Allemagne**. Cinq assiettes, à marli ajouré, décor à fleurettes et rose au centre.

20 — **Angleterre**. Corbeille ronde, à deux anses, en terre de pipe.

21 — **Anspach**. Neuf assiettes, marli gaufré avec fleurettes; au centre, bouquets de fleurs.

22 — **Anspach** (?) Assiette à bord vannerie, marli à quatre médaillons à paysages en camaïeu rose; au centre, fleurettes.

23 — **Arras** (Pâte tendre). Deux raviers, forme bateau, décor bleu.

24 — **Battersea** (Émail). Boîte, forme soulier, fond vert et médaillons à fleurs.

25 — **Berlin** (Wegely). Statuette d'Amour : Joueur de violon avec toque verte.

26 — **Berlin** (Wegely). Statuette analogue à la précédente.

27. — **Berlin** (Wegely). Autre statuette analogue.

28 — **Berlin** (Wegely). Statuette d'Amour : Abbé avec manchon.

29 — **Berlin** (Wegely). Statuette d'Amour : Abbé avec manchon.

30 — **Berlin** (Wegely). Statuette d'Amour : Marchand de coco.

31 — **Berlin** (Wegely). Statuette d'Amour, coiffé d'un tricorne, à califourchon sur un coq.

32 — **Berlin** (Wegely). Statuette d'Amour : Marchand
de coco.

33 — **Berlin** (Wegely). Groupe, formé d'un chasseur,
enfant et chien.

34 — **Berlin**. Statuette d'enfant debout, portant un
mouton. (*Fracture.*)

35 — **Berlin**. Statuette de nègre debout auprès d'une
coupe, ornée de myosotis bleu.

36 — **Berlin**. Tasse droite et soucoupe, fond lie-de-
vin, et médaillons à fleurs.

37 — **Berlin**. Tasse arrondie sans anse et soucoupe ;
bord à dentelle d'or, gaufrage et bouquets.
(*Egrenure.*)

38 — **Berlin** (Moderne). Tête-à-tête, composé d'un
plateau, deux tasses, cafetière et sucrier couverts ; décor à bustes antiques, bouquets et
bordure dorée enguirlandée.

39 — **Berlin**. Petite coupe, à deux anses et couvercle ajouré, décor à fleurs et étoiles en relief.

40 — **Berlin**. Coupe ovale contournée, à bord
à écailles ; au fond, sujet pastoral.

41 — **Berlin**. Deux socles carrés à relief ; l'un,
émaillé blanc ; l'autre, en biscuit.

42 — **Berlin**. Corbeille ronde ajourée, à deux anses
à branchages ; au fond, bouquet de fleurs.

13 — **Berlin**. Deux compotiers couverts, à piédouche; gaufrage et oiseaux avec insectes. Sur le couvercle, enfant tenant une grappe de raisin.

14 — **Berlin**. Deux compotiers, forme feuille, décor naturel; de grandeurs variées.

15 — **Berlin**. Plateau à bord lobé, bordure et dentelle d'or, gaufragé et anses rocailles. *Marque et vignettes 1830.*

16 — **Berlin**. Plateau ovale, à marli gaufré, à frise antique et filets d'or.

17 — **Berlin**. Grand plateau ovale à bord lobé et anses rocailles; bordure dentelle or et gaufrage; décor à bouquets de fleurs.

18 — **Berlin**. Vase-tulipe à piédouche, orné de fleurs et médaillons à personnages. (*Réparé.*)

19 — **Berlin**. Deux grands vases couverts à piédouche, l'un fond jaune, l'autre fond bleu, à deux anses, décorés de médaillons de fleurs. (*L'un porte une fausse marque de Sèvres.*)

50 — **Berlin**. Deux assiettes dépareillées, l'une à bord ajouré et fleurs en camaïeu bleu, l'autre à petite bordure ajourée et fleurs en couleur.

51 — **Berlin**. Deux assiettes dépareillées. (*Une fracturée.*)

52 — **Berlin**. Trois assiettes, dont deux à bord ajouré, avec roses au centre; l'autre à bord festonné, gaufrage et bouquets de fleurs.

53 — **Berlin**. Neuf assiettes à dessert, marli ajouré avec coquilles : au centre, fleurs, insectes et fruits.

54 — **Buen-Retiro** (Pâte tendre). Tasse, décor à fleurs, monture en bronze doré.

55 — **Canton** (Émail). Paire de petits vases à fleurs, sur fond piqué mauve.

56 — **Castelli**. Grand vase couvert à piédouche en ancienne faïence, décor de sujet mythologique : Vénus sur les eaux et enfants sur dauphins.

57 — **Chantilly** (Pâte tendre). Une assiette, marli à vannerie : au centre, bouquets de fleurs en couleurs.

58 — **Chantilly**. Une assiette, décor bleu à fleurettes : marque au Cor et en toutes lettres : *Chantilly*.

59 — **Chantilly** (Pâte tendre). Six assiettes à bord festonné et à vannerie, décor Louis XV en couleurs.

60 — **Chelsea**. Flacon, formé d'un vase de fleurs avec papillon formant bouchon : petite monture argent.

61 — **Chelsea**. Statuette de jeune jardinier debout.

62 — **Chine**. Deux cornets, à décor bleu : monture en bronze formant candélabres électriques.

63 — **Chine**. Deux salières, à double fond, décor camaïeu bleu.

64 — **Chine**. Carpe en grès bleu turquoise. (*Fracturée.*)

65 — **Chine**. Petit vase aplati, à deux anses têtes de lion, gaufré et émaillé blanc.

66 — **Chine**. Petite bouteille en céladon flambé lie-de-vin.

67 — **Chine**. Coupe libatoire, à anse, fond brun, décor dorure, intérieur bleu.

68 — **Chine**. Trois petits flacons et deux petits perroquets.

69 — **Chine**. Petite théière couverte, à ornements roses, réserves sur fond noir.

70 — **Chine**. Petite coupe, à deux anses, à reflets sur fond noir.

71 — **Chine**. Paire de vases en céladon, à côtes, à décor de branchages et oiseaux ; monture moderne en bronze, avec couvercles surmontés d'un groupe de deux enfants.

72 — **Chine**. Bouteille, gravée sous couverte blanche

73 — **Chine**. Vase-balustre, fond haricot.

74 — **Chine**. Vase-bouteille, fond rouge.

75 — **Chine**. Vase-bouteille, à col évasé, aventuriné argent. (*Fêlé.*)

76 — **Chine**. Six très petites tasses, décor à personnages.

77 — **Chine**. Coupe, à décor de fleurs en bleu.

78 — **Chine**. Grosse potiche à col coupé, fond bleu et traces de dorure; monture de style Louis XV en bronze.

79 — **Chine**. Vase-bouteille sans fond, décor bleu et rouge.

80 — **Chine**. Grand vase, fond bleu-turquoise truité, à dragons en relief sous couverte; base en bronze doré.

81 — **Chine**. Paire de vases-cornets, à fond bleu foncé; monture de style Louis XV en bronze.

82 — **Chine**. Gourde aplatie, fond olive, décor en relief : personnage, animaux. (*Réparation.*)

83 — **Chine**. Vase-bouteille à long col, à fond poudre de thé.

84 — **Chine**. Statuette de femme debout, polychrome.

85 — **Chine**. Magot assis en céladon vert, visage et mains en biscuit.

86 — **Chine**. Deux chiens, décor rouge.

87 — **Chine**. Coq et poule, sur terrasse en bronze. Style Louis XV. (*Fractures.*)

88 — **Chine** (Moderne.) Deux vases-balustres, décor, famille verte, à médaillons.

89 — **Chine** (Moderne.) Petit flambeau de forme carrée, même porcelaine.

90 — **Chine** (Moderne.) Deux coupes, forme bateau, bleu truité turquoise.

91 — **Chine**. Paire de vases à col évasé, fond marbré et personnages; monture en bronze doré. Style Louis XV.

92 — **Chine** (Moderne). Paire de potiches-balustres, décor de dragons en couleur sur fond noir.

93 — **Chine** (Moderne). Vase porté par un Chinois couché, bleu-turquoise, sur terrasse en bronze doré.

94 — **Chine** (?). Éléphant blanc, sur terrasse en bronze doré, de style Louis XV. (*Réparation.*)

95 — **Chine** (?). Paire de lapins en céladon bleu; monture en bronze doré, de style Louis XV.

96 — **Divers**. Quatre moutardiers : Mennecy, Worcester et autres.

97 — **Divers**. Lot de couvercles dépareillés de Saxe, Sèvres et autres. (Environ quarante-cinq pièces.)

98 — **Divers**. Tasse et soucoupe, pâte gaufrée, décor de fleurs et filet brun.

99 — **Divers**. Neuf plats ou assiettes, porcelaine décorée de fleurs en camaïeu bleu.

100 — **Divers**. Quatre feuilles en faïence, marquées D. P.

101 — **Divers**. Petite jardinière ronde en faïence blanche, décor fleurs.

102 — **Divers**. Petit vase en faïence, décor oiseaux ; monture en bronze doré.

103 — **Divers**. Quatorze assiettes en faïence fine, décor bleu.

104 — **Divers**. Deux cuillers, dont une petite à sucre, ajourée ; faïence fine, décor bleu.

105 — **Divers**. Six pots cylindriques couverts à godrons et hachures bleues ; terre de pipe.

106 — **Divers**. Encrier, formé d'un soulier, en faïence fine, décorée de rinceaux.

107 — **Divers**. Assiette en faïence, avec inscription française.

108 — **Divers**. Grande corbeille ajourée, à quatre pieds, décorée d'un blason à devise.

109 — **Divers**. Six assiettes, bord festonné avec dentelle et spirales en or, décor à fleurs.

110 — **Divers**. Tasse et soucoupe en céramique rouge brique uni.

111 — **Divers**. Onze pots à crème couverts, variés d'origine et de décor.

112 — **Divers**. Statuette en biscuit : Phryné.

113 — **Divers**. Socle cannelé, fond bleu et dorure.

114 — **Divers**. Petit magot en céramique blanché.

115 — **Divers**. Coupe ronde contournée, à deux anses, décor fleurs.

116 — **Divers**. Vase-balustre en céramique; monture à anses doubles et base en bronze doré.

117 — **Divers**. Flacon, formé d'un enfant et bouc, en couleur; monture cuivre.

118 — **Divers**. Flacon, formé d'un enfant emmailloté.

119 — **Divers**. Tasse en porcelaine, décor en dorure.

120 — **Divers**. Coupe, forme vase, à deux anses-serpents, fond vert clair et frise d'enfants.

121 — **Divers**. Deux oiseaux, en imitation de porcelaine de Saxe.

122 — **Divers**. Important service en porcelaine, variée d'origine et de décor, en camaïeu bleu, comprenant environ cent quatre-vingt-dix-huit pièces : soupières, saucières, sucriers, plats, assiettes, etc.

123 — **Faenza**. Vase, à deux anses, décor arabesques sur fond brique; inscription et godrons simulés. (*Fracturé.*)

124 — **Frankenthal**. Saucière, à deux anses, décor à fleurs et oiseaux, bord jaune. (*Fracture.*)

125 — **Frankenthal**. Plateau losange, bordure à entrelacs avec rosaces rouges; au centre, bouquet et fleurettes.

126 — **Frankenthal**. Quatre statuettes, figurant les quatre parties du monde, debout auprès d'une coupe, de forme rocaille, décorée en dorure sur fond blanc.

127 — **Frankenthal.** Six assiettes, à marli vannerie et bouquets de fleurs en couleur.

128 — **Frankenthal.** Douze assiettes, à marli quadrillé à fleurettes et quatre médaillons de fleurs ; au centre, oiseaux sur des branchages.

129 — **Furstenberg.** Statuette d'Amour : Guerrier avec bâton de maréchal.

130 — **Furstenberg.** Assiette à bord contourné, marli ajouré avec écailles bleues ; au centre, bouquet de fleurs.

131 — **Furstenberg.** Assiette à contours, gaufrage à médaillons et écailles, décorée de fleurettes et au centre, d'un bouquet.

132 — **Hœchst.** Petite coupe ovale contournée, décor à oiseaux sur branchages.

133 — **Hœchst.** Coupe, de forme contournée et ajourée à piédouche ; décor intérieur et extérieur à fleurs.

134 — **Hœchst.** Deux petits bustes : Guerriers, sur socles adhérents. (*Une tête recollée.*)

135 — **Hœchst et Vienne.** Deux petits bustes de guerriers casqués, sur socles décorés en dorure.

136 — **Indes (Compagnie des).** Deux petits pots cylindriques, dont un ajouré.

137 — **Indes (Compagnie des).** Sabot, décor à fleurs et médaillons à personnages chinois.

138 — **Indes (Compagnie des)**. Petite aiguière, forme
casque, décor à fleurs.

139 — **Italie**. Statuette de femme debout, marquée
d'une fleur de lis en creux.

140 — **Japon**. Bouteille à col coupé, décor bleu,
rouge et or; monture bronze doré.

141 — **Louisbourg**. Statuette d'enfant nu debout,
portant une gourde, sur socle carré.

142 — **Louisbourg**. Bol, décoré d'oiseaux sur des
branchages.

143 — **Louisbourg**. Sucrier couvert, bordure gaufrée,
décor à fleurs.

144 — **Louisbourg**. Deux corbeilles ajourées à anses,
décor fleurs. (*Accidents aux anses.*)

145 — **Louisbourg**. Compotier rond, à marli vannerie, décor à fleurettes et bouquet.

146 — **Louisbourg**. Deux compotiers ovales, à contours, bord gaufré avec quatre fleurettes; au
centre, bouquets.

147 — **Louisbourg**. Six assiettes, marli à vannerie
avec fleurettes; au centre, fleurs.

148 — **Louisbourg** (Moderne.) Assiette, marli à ruban
vert et bouquets camaïeu violet; au centre,
paysage et rivière.

149 — **Mennecy** (Pâte tendre). Sucrier sans couvercle, décor à fleurs.

150 — **Mennecy**. Beurrier sans couvercle, avec plateau adhérent, décor à double filet bleu et bouquets.

151 — **Mennecy**. Moutardier couvert et plateau adhérent, décor à filets et fleurs.

152 — **Mennecy**. Moutardier couvert et plateau adhérent, décor à fleurs.

153 — **Mennecy**. Petit pot de toilette couvert, décor à fleurs.

154 — **Mennecy**. Paire de petits vases Médicis, décor à fleurs.

155 — **Mennecy**. Vase Médicis, à lobes, décor de fleurs en couleur.

156 — **Mennecy** (?) Vase Médicis sur piédouche, décoré de fleurs. (*Pied fracturé.*)

157 — **Mennecy**. Flacon fait d'un groupe de deux personnages portant une corbeille de fruits, décor en couleur.

158 — **Mennecy**. Flacon formé d'un bouquet de fleurs blanches en relief; bouchon fait d'un petit cygne blanc.

159 — **Mennecy**. Flacon formé d'un couple galant avec branches de roses, décor en couleur.

160 — **Mennecy**. Boîte formée d'une chienne et son petit; couvercle à fleurs; monture argent.

161 — **Mennecy.** Boite, faite d'une chatte et petits ; couvercle à fleurs ; monture argent.

162 — **Mennecy.** Boite, formée d'un cygne ; couvercle à fleurs ; monture argent.

163 — **Mennecy.** Boite, analogue à la précédente.

164 — **Mennecy.** Boite, formée d'un cochon, décor en couleur ; couvercle à fleurs ; monture argent.

165 — **Mennecy.** Boite, formée d'un chien carlin ; couvercle à fleurs ; monture argent.

166 — **Mennecy.** Boite, formée d'une poule couvant ; couvercle à fleurs ; monture argent.

167 — **Mennecy.** Boite, formée d'un Chinois assis ; couvercle à fleurs ; monture argent.

168 — **Mennecy.** Boite, forme commode, décor à fleurs sur fond blanc gaufré ; au revers du couvercle, paysage avec deux personnages ; monture cuivre.

169 — **Mennecy.** Tabatière rectangulaire, à pâte gaufrée et décor de fleurs ; monture en métal doré.

170 — **Mennecy.** Boite ovale, pâte gaufrée à vannerie, formant corbeille ; couvercle à fleurs en relief ; monture argent.

171 — **Mennecy.** Statuette d'enfant debout, avec chapeau tricorne.

172 — **Midi**. Porte-bouquet en forme de commode, décor de fleurs ; faïence.

173 — **Niederviller**. Assiette, à marli à double feston or et rouge ; au centre, semis de roses.

174 — **Niederviller**. Deux groupes en biscuit : les Baisers, d'après Houdon ; socles en marbre.

175 — **Nyons**. Vingt-quatre assiettes, marli à six médaillons de fleurs reliés par des guirlandes ; au centre, petits bouquets. (*Une est fêlée.*)

176 — **Paris**. Pot à sorbet à anse, décor à ruban bleu et dorure.

177 — **Paris**. Tasse forme bol et soucoupe, décor à oiseaux dans des quadrillés or, jaune et noir.

178 — **Paris**. Tasse-mignonnette et soucoupe, décor à bluets.

179 — **Paris**. Déjeuner tête-à-tête, comprenant : un plateau carré, deux tasses et soucoupes, une cafetière et un sucrier, décor en dorure. (*Accidents.*)

180 — **Paris**. Deux corbeilles ajourées et dorées, portées par deux amours, en biscuit, sur socles carrés.

181 — **Paris**. Deux sucriers couverts, une tasse droite et quinze petites soucoupes, décor à fleurettes.

182 — **Paris**. Paire de jardinières ou pots-pourris de forme carrée, à base faite de cygnes, décor fond vert et médaillons de fleurs. Époque Restauration.

183 — **Paris**. Vase forme antique à piédouche et deux anses sphynx : personnages chinois et dorure.

184 — **Paris**. Paire de vases forme urne à deux anses col de cygne, sur socles carrés, décor à guirlandes de fleurs et dorure.

185 — **Paris**. Colonne sur socle carré, décor en dorure avec chutes de fleurs en spires : sur les faces du socle, oiseaux et guirlandes.

186 — **Paris**. Deux assiettes, l'une à semis de fleurettes, l'autre avec chiffre *H. B.* entrelacés, avec marli en dorure.

187 — **Paris**. Assiette, avec vue du théâtre de l'Odéon.

188 — **Paris et Sèvres**. Quatre tasses variées.

189 — **Paris** (de Potter). Deux compotiers, un rond, un carré, décor de semis de fleurettes et filet or, l'un porte la marque de *Potter*.

190 — **Paris** (J. Petit). Paire de petits vases, genre Saxe, décor à oiseaux et personnages.

191 — **Paris** (Nast). Petite théière couverte et pot à lait (anse cuivre, décor rinceaux et fleurs.

192 — **Paris** (Locré). Tasse droite et soucoupe, décor médaillons : paysages en rouge et rinceaux. (*Fêlure.*)

193 — **Paris** (Locré). Tasse droite et soucoupe, décor fleurettes et points bleus. (*Fêlure.*)

194 — **Paris** (Locré). Deux compotiers carrés et un sucrier à poudre couvert, à médaillons, avec le chiffre *D. E.*

195 — **Paris** (Locré). Deux compotiers coquille et deux compotiers ronds, décor à fleurettes et chiffres *D. E.* au centre.

196 — **Paris** (Locré). Dix-huit assiettes analogues, du même service.

197 — **Paris** (A la Reine). Quatre assiettes, variées de décor.

198 — **Paris** (A la Reine). Dessous de jardinière, décor à guirlandes. (*Fracturé.*)

199 — **Paris** (Marques diverses). Quarante-deux assiettes *une sans fond*, variées de décor.

200 — **Paris** (Dihl). Grande corbeille circulaire ajourée, avec fleurettes à l'intérieur, sur base en bronze.

201 — **Russie**. Œuf, décoré d'un médaillon : Vierge et bouquet de fleurs.

202 — **Russie**. Statuette en porcelaine moderne : Femme russe portant un agneau.

203 — **Saint-Cloud**. Fourchette à manche, décor camaïeu bleu.

204 — **Saint-Cloud**. Cuiller à sucre, décor bleu. (*Fêlée.*)

205 — **Saint-Cloud** (?). Deux cuillers à sucre, décor bleu.

206 — **Saint-Cloud**. Quatre salières, dont trois rondes et une oblongue, décor camaïeu bleu.

207 — **Saint-Cloud**. Deux sucriers, ~~dont un couvert~~ à godrons et décor bleu.

208 — **Saint-Cloud et autres**. Vingt-trois soucoupes et dix-huit tasses, à décor bleu varié.

209 — **Saint-Cloud** ~~et autres~~. Petit pot à lait, à godrons et dentelle bleue.

210 — **Saint-Pétersbourg** (Ancien et moderne). Six assiettes à dessert, marli ajouré avec coquilles ; au centre, fleurs, insectes et fruits.

211 — **Satzuma**. Magot assis, avec marque dragon.

212 — **Satzuma**. Vase brûle-parfum tripode à deux anses.

213 — **Saxe**. Petit buste : Bacchus, sur piédouche.

214 — **Saxe**. Quatre petits bustes : hommes et femmes, sur socles adhérents.

215 — **Saxe**. Petit buste : allégorie de femme, sur socle adhérent. (*Tête recollée.*)

216 — **Saxe**. Statuette de Singe-guenon, tenant un cahier. (*Main refaite.*)

217 — **Saxe**. Statuette de singe musicien : Joueur de cor.

218 — **Saxe**. Statuette de singe musicien : Joueur de violon.

219 — **Saxe**. Statuette de la même série : Joueur de cornemuse.

220 — **Saxe**. Statuette d'enfant nu debout, portant sceptre et couronne.

221 — **Saxe**. Statuette d'enfant nu debout, avec une lyre figurant Apollon.

222 — **Saxe**. Statuette d'enfant nu debout, figurant Apollon. (*Tête recollée.*)

223 — **Saxe**. Deux statuettes d'enfants nus debout, figurant la Peinture et la Géographie.

224 — **Saxe**. Statuette de Jupiter debout, un aigle à ses pieds. (*Réparée.*)

225 — **Saxe**. Statuette figurant Jupiter, avec son attribut : *l'Aigle.*

226 — **Saxe**. — Statuette de Junon debout, avec ses attributs.

227 — **Saxe**. Deux statuettes figurant Neptune.

228 — **Saxe**. Statuette d'acteur de la Comédie italienne.

229 — **Saxe**. Statuette d'acteur de la Comédie italienne.

230 — **Saxe**. Statuette d'acteur de la Comédie italienne.

231 — **Saxe**. Deux statuettes : Figurines nues assises, figurant le Printemps et l'Été ; sur socles adhérents.

232 — **Saxe**. Statuette de vieillard debout, figurant l'Hiver.

233 — **Saxe**. Statuette, figurant l'Hiver.

234 — **Saxe**. Statuette de soldat debout, tenant son fusil. (*Mains recollées.*)

235 — **Saxe**. Figurine de joueur de cornemuse assis, vêtement avec cartes à jouer.

236 — **Saxe**. Statuette de femme allégorique. (*Bras manquent.*)

237 — **Saxe**. Deux statuettes de femmes allégoriques debout, l'une avec singe, l'autre avec salamandre.

238 — **Saxe**. Statuette de femme allégorique debout, décor dorure.

239 — **Saxe**. Statuette de marquis debout, l'épée au côté et tricorne noir.

240 — **Saxe**. Statuette de fillette à jupe jaune bordée de fleurs, tenant des fleurs dans son tablier et une corbeille.

241 — **Saxe**. Statuette de fillette debout, les pieds nus, tenant à son bras une corbeille à fleurs.

242 — **Saxe**. Statuette de fillette debout, dansant sur un tonneau.

243 — **Saxe**. Statuette-gaine, à figure de femme, jouant de la flûte.

244 — **Saxe**. Statuette de femme debout, tenant un masque dans sa main gauche.

245 — **Saxe-Marcollini**. Statuette d'enfant nu assis, tenant des fleurs: sur socle adhérent.

246 — **Saxe**. Petite statuette de fillette : Marchande de poissons.

247 — **Saxe**. Statuette d'homme debout : Joueur de flageolet; à ses pieds, chien couché.

248 — **Saxe**. Statuette de fillette debout dansant, tenant un oiseau. (*Réparée*).

249 — **Saxe**. Statuette d'enfant assis, tenant des fleurs: sur socle adhérent.

250 — **Saxe**. Statuette de fillette assise, jouant du violon.

251 — **Saxe-Marcollini.** Statuette de fillette debout, avec manteau d'hermine. (*Tête recollée.*)

252 — **Saxe**. Statuette de fillette assise : Joueuse de cornemuse.

253 — **Saxe**. Statuette de jeune bergère debout, avec fleurs dans son tablier et mouton à ses pieds.

254 — **Saxe**. Statuette de fillette assise : Vendangeuse.

255 — **Saxe**. Statuette de marquis debout, à perruque et tricorne sous le bras. (*Main recollée.*)

256 — **Saxe**. Statuette de chasseur debout, tenant son fusil; son chien auprès de lui. (*Fracturée.*)

257 — **Saxe**. Statuette de fillette assise, jouant du violon. (*Fracturée.*)

258 — **Saxe**. Statuette de chasseur, tenant son fusil et un canard.

259 — **Saxe**. Statuette de sainte femme debout, portant un missel et une croix. (*Fracturée.*)

260 — **Saxe**. Statuette de fillette debout, coiffée d'un chapeau à plumes.

261 — **Saxe**. Statuette de jeune fille fermière, tenant une poule.

262 — **Saxe**. Statuette de garçon jardinier.

263 — **Saxe**. Statuette d'enfant portant une marmite sur la tête, avec un panier de fleurs au bras.

264 — **Saxe**. Statuette de marchande de poissons.

265 — **Saxe**. Statuette d'homme debout, jouant de la flûte ; à ses pieds, un chien couché.

266 — **Saxe**. Statuette de chasseur debout, avec son fusil et son chien.

267 — **Saxe**. Statuette d'homme assis, portant sur ses genoux une coupe décorée de fleurs. (*Sans couvercle.*)

268 — **Saxe**. Statuette analogue à la précédente. (*Coupe fracturée.*)

269 — **Saxe**. Statuette : Paysan debout, portant un sac.

270 — **Saxe**. Statuette : Femme debout, portant un enfant sur le dos.

271 — **Saxe**. Deux statuettes : Joueurs de cornemuses assis; chapeau pointu. (*Réparations et manques.*)

272 — **Saxe**. Quatre statuettes de femmes drapées, avec attributs divers : colombe, gerbe, paniers, etc.

273 — **Saxe**. Quatre statuettes d'enfants debout, avec dauphin et portant une coquille; sur socles carrés et dorés. Marque *K. P. C.*

274 — **Saxe**. Statuette de femme debout, tenant un masque; à ses pieds, un chapeau de pierrot.

275 — **Saxe**. Groupe : Enfant couché près d'une cage à poule.

276 — **Saxe**. Groupe de deux enfants nus, avec arc et carquois; terrasse rocaille.

277 — **Saxe**. Groupe : Amour travaillant à son arc.

278 — **Saxe**. Groupe de deux amours nus debout, avec charrue.

279 — **Saxe**. Berger jouant de la cornemuse et chien couché.

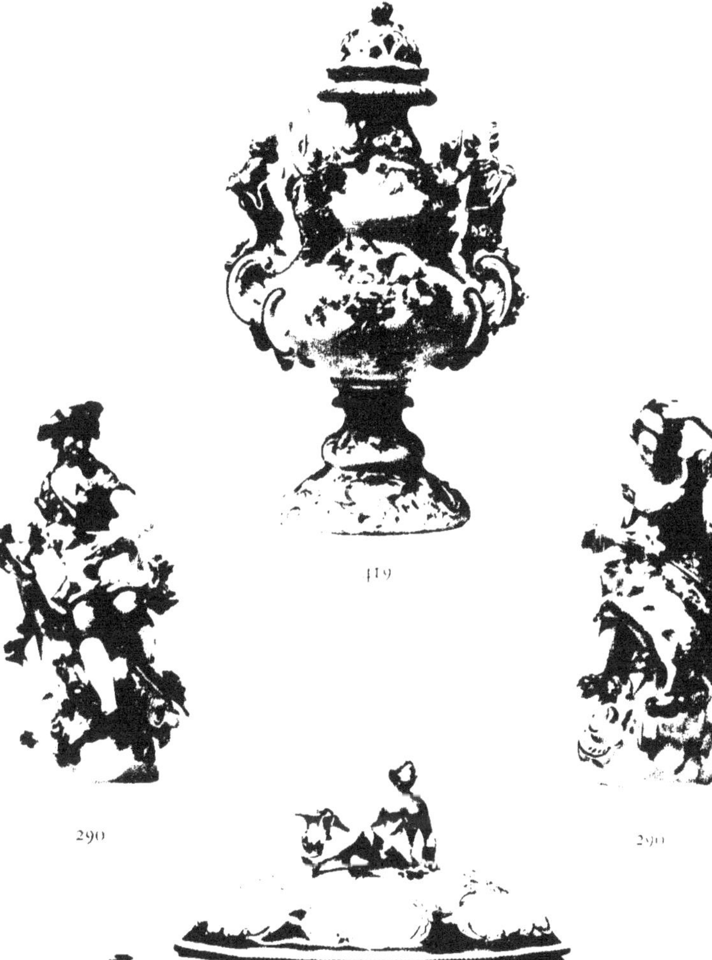

419

290

290

530

280 — **Saxe**. Statuette de femme tenant une clochette; sur base carrée. (*Réparée.*)

281 — **Saxe**. Statuette de jeune femme dansant, tablier à fleurs. (*Bras recollé.*)

282 — **Saxe**. Statuette de jeune garçon dansant, habit vert et culotte jaune.

283 — **Saxe**. Fragment de groupe : Amour assis sur une terrasse, avec carquois.

284 — **Saxe**. Autre fragment de groupe : Enfant debout dansant sur terrasse rocaille.

285 — **Saxe**. Statuette de garçon tenant un chapeau avec fleurs; base carrée.

286 — **Saxe**. Statuette de femme allégorique; sur base carrée avec ancre. (*Fractures.*)

287 — **Saxe**. Statuette de femme assise jouant de la vielle. (*Tête recollée.*)

288 — **Saxe**. Statuette de jeune homme debout, vidant une corbeille de poissons.

289 — **Saxe-Marcollini**. Statuette de jeune garçon debout en habit jaune, à fleurettes. (*Tête recollée.*)

290 — **Saxe**. Deux grandes statuettes : Berger et bergère debout, avec moutons.

291 — **Saxe**. Groupe de deux figurines garçon et fillette : la Leçon de flûte.

292 — **Saxe**. Groupe de cinq enfants musiciens et danseurs.

293 — **Saxe**. Groupe de deux enfants figurant la Peinture et la Sculpture. (*Fracturé.*)

294 — **Saxe**. Groupe de femme allégorique debout, avec deux enfants nus. (*Réparé.*)

295 — **Saxe**. Deux groupes semblables : Femme debout tenant un enfant dans ses bras, un autre debout à son côté. (*Réparés.*)

296 — **Saxe**. Groupe de deux enfants tenant une guirlande de fleurs.

297 — **Saxe**. Groupe de deux personnages : Jardinier et jardinière, avec bêche et panier de fleurs. (*Jambe recollée.*)

298 — **Saxe**. Deux groupes de deux enfants jouant sur terrasses oblongues.

299 — **Saxe**. Deux petits groupes figurant chacun un paysan ou un paysanne avec vache. (*Petites restaurations.*)

300 — **Saxe**. Groupe de deux personnages : Homme et femme, danseurs, tablier à dentelle, terrasse à rocailles.

301 — **Saxe**. Groupe, fragment de surtout : Bacchus sur un tonneau et enfant sur une terrasse à rocailles.

302 — **Saxe**. Fragment de surtout, formé d'un torse
d'homme à peau de lion appuyé sur une console.

303 — **Saxe**. Petit groupe : Berger appuyé sur son
bâton auprès de son chien debout.

304 — **Saxe**. Groupe à dentelle : Garçon assis faisant
sauter un chien costumé.

305 — **Saxe**. Groupe à dentelle : **Fillette** assise
faisant manger un chat.

306 — **Saxe.** Statuette à dentelle : Femme debout
jouant aux cartes.

307 — **Saxe**. Statuette d'enfant debout en costume
turc, coiffé d'un turban.

308 — **Saxe**. Statuette de Turc assis, portant une
coupe forme coquille. (*Fractures et réparations.*)

309 — **Saxe**. Statuette de Turc assis, portant une
coupe formée d'une coquille. (*Réparée.*)

310 — **Saxe**. Statuette de joueuse de vielle en costume oriental. (*Tête recollée.*)

311 — **Saxe**. Statuette de femme debout en costume
oriental, tenant un éventail carré.

312 — **Saxe**. Statuette de femme debout en costume
oriental, mauve. (*Tête et pied recollés.*)

313 — **Saxe**. Statuette de femme debout en costume
oriental, rose et jaune.

311 — **Saxe**. Statuette de femme debout en costume oriental.

315 — **Saxe**. Deux statuettes : Homme et femme en costume oriental, portant une coupe gaufrée dorée à l'intérieur et décorée à l'extérieur de fleurs. (*La coupe de la femme cassée.*)

316 — **Saxe**. Statuette de femme turque assise, portant une coupe en forme de coquille gaufrée.

317 — **Saxe**. Statuette de femme en costume oriental, portant une coupe couverte gaufrée avec fleurettes. (*Fracturée*).

318 — **Saxe**. Statuette de négresse debout auprès d'une corbeille en vannerie et médaillons de fleurs, bordure dorée.

319 — **Saxe**. Statuette de négresse debout auprès d'une corbeille gaufrée vannerie.

320 — **Saxe**. Deux statuettes de négresses debout auprès de corbeilles, à décor de fleurs, dont une gaufrée. (*Fractures.*)

321 — **Saxe**. Deux statuettes : Nègre et négresse tenant un plateau ou des citrons.

322 — **Saxe** (?). Deux statuettes de nègres debout auprès d'une corbeille gaufrée vannerie.

323 — **Saxe**. Statuette d'Amour ramoneur, avec bonnet et bottes.

324 — **Saxe**. Statuette d'Amour : Fillette à jupe bleue, coiffure noire, portant un panier. (*Réparation.*)

325 — **Saxe**. Statuette d'Amour : Pèlerin avec chapeau et tenant une bouteille.

326 — **Saxe**. Statuette d'Amour : Fillette avec bonnet et manchon. (*Réparation.*)

327 — **Saxe**. Statuette d'Amour : Fillette crinoline, tenant un éventail.

328 — **Saxe**. Statuette d'Amour, avec chapeau, jouant de la flûte.

329 — **Saxe**. Statuette d'Amour : Fillette drapée en jaune avec bonnet anglais. (*Un bras manque.*)

330 — **Saxe**. Statuette d'Amour : Apothicaire.

331 — **Saxe**. Statuette d'Amour : Fillette avec bonnet et éventail ouvert.

332 — **Saxe**. Statuette d'Amour : Peintre.

333 — **Saxe**. Statuette d'Amour : Fillette avec corbeille de légumes.

334 — **Saxe**. Statuette d'Amour : Fillette avec éventail fermé.

335 — **Saxe**. Statuette d'Amour : Pêcheur avec chapeau vert.

336 — **Saxe**. Statuette d'Amour : Fillette dansant, plume dans les cheveux.

337 — **Saxe**. Statuette d'Amour : Jardinier coiffé d'un chapeau.

338 — **Saxe**. Statuette d'Amour : Fillette avec manchon.

3

339 — **Saxe**. Statuette d'Amour : Marchand de coco. (*Bras recollé.*)

340 — **Saxe**. Statuette d'Amour : Peintre.

341 — **Saxe**. Statuette d'Amour : Fillette à chapeau de paille.

342 — **Saxe**. Statuette d'Amour, un fichu noué sur la tête.

343 — **Saxe**. Statuette d'Amour : Invalide à chapeau tricorne.

344 — **Saxe**. Statuette d'Amour : Pèlerin à barbe, avec chapeau.

345 — **Saxe**. Deux statuettes d'Amours à chapeau tricorne : Joueur de cornemuse et montreur de lanterne magique.

346 — **Saxe**. Statuette d'Amour-acteur, bonnet noir et manteau bleu.

347 — **Saxe**. Statuette de Fillette-amour portant un réticule.

348 — **Saxe**. Statuette d'Amour portant un berceau (*Les ailes manquent.*)

349 — **Saxe**. Statuette d'Amour debout, avec carquois et arc. (*Fracture.*)

350 — **Saxe**. Statuette de Fillette en Amour portant un plateau avec gâteau.

351 — **Saxe**. Statuette d'Amour cachant sa tête derrière un masque.

352 — **Saxe**. Statuette d'Amour avec sac et carquois.

353 — **Saxe**. Statuette d'Amour en chapeau tricorne noir et tenant un pistolet.

354 — **Saxe**. Très petite statuette de reine couronnée, manteau bordé d'hermine.

355 — **Saxe**. Deux très petites figurines : Homme et femme debout.

356 — **Saxe**. Très petite statuette : Chasseur tirant. (*Fusil fracturé.*)

357 — **Saxe**. Autre analogue, avec habit vert clair.

358 — **Saxe**. Très petite statuette : Homme portant un sac, avec chapeau et manches vertes.

359 — **Saxe**. Deux très petites statuettes : Marquis et danseuse.

360 — **Saxe**. Très petite statuette : Femme avec battoir sous le bras.

361 — **Saxe**. Très petite statuette : Homme oriental avec glaive et bouclier.

362 — **Saxe**. Très petite statuette : Paysan avec son sac.

363 — **Saxe**. Deux très petites statuettes : Femme dansant et paysan tenant un bâton et un sac.

364 — **Saxe**. Deux très petites statuettes : Homme et femme avec manchon.

365 — **Saxe**. Très petite statuette d'homme debout en costume vert, chapeau noir et manchon.

366 — **Saxe**. Très petite statuette de femme costumée, décor camaïeu rouge, bonnet blanc, sur base carrée à côtés cintrés.

367 — **Saxe**. Sept très petites statuettes : manches de cachets, l'une avec inscription : *La plus belle*.

368 — **Saxe**. Deux très petites statuettes : Femmes avec éventail entr'ouvert.

369 — **Saxe**. Petit trophée militaire, décor en dorure sur fond blanc.

370 — **Saxe**. Très petit trophée militaire, sur socle rond.

371 — **Saxe**. Flacon fait d'un homme portant un chien.

372 — **Saxe**. Petite statuette : Paysan avec blouse blanche et chapeau noir.

373 — **Saxe**. Deux poules, dont une avec poussins.

374 — **Saxe**. Deux canards.

375 — **Saxe**. Coq debout.

376 — **Saxe**. Très petit singe tenant un fruit.

377 — **Saxe**. Pigeon décoré au naturel (*Aile réparée.*)

378 — **Saxe**. Deux très petits pigeons.

Jeudi

379 — **Saxe**. Petite vache couchée.

380 — **Saxe**. Très petit canard, décor naturel. (*Cou recollé.*)

381 — **Saxe**. Chien courant sur terrasse à fleurs.

382 — **Saxe**. Carlin assis sur un coussin à fleurettes. (*Fracture.*)

383 — **Saxe**. Petit carlin assis se grattant l'oreille, avec collier rose.

384 — **Saxe**. Petit carlin debout, collier rouge et nœuds verts.

385 — **Saxe**. Deux petits carlins sur terrasses, à colliers jaune et rouge.

386 — **Saxe**. Très petit coq, décor naturel. (*Tête recollée.*)

387 — **Saxe-Marcollini**. Deux vide-poche, formés de moutons couchés. (*Un dessus fracturé.*)

388 — **Saxe (Genre de)**. Paire de grands oiseaux sur tronc d'arbre. (*Moderne.*)

389 — **Saxe**. Corbeille ovale contournée, ajourée, à décor de relief de fleurs, feuillages et ruban.

390 — **Saxe**. Grande corbeille ajourée, avec fleurs en relief. (*Anses manquent.*)

391 — **Saxe**. Corbeille ronde ajourée, avec fleurettes en relief.

392 — **Saxe**. Deux corbeilles aplaties sur piédouches, à vannerie ajourée.

393 — **Saxe**. Corbeille-surtout de table portée par deux amours.

394 — **Saxe** (?) Corbeille ajourée portée par un nègre assis, sur base à relief.

395 — **Saxe**. Petite corbeille rectangulaire, à gaufrage vannerie, décorée de fleurs: monture à deux anses bronze.

396 — **Saxe**. Très petite jardinière à piédouche, de forme lobée, contenant un bouquet de fleurs.

397 — **Saxe**. Petite jardinière (fond de tabatière), à décor d'oiseaux: petite monture à anses en bronze.

398 — **Saxe**. Très petite jardinière à anses, pâte gaufrée et décor de fleurs; monture en bronze doré.

399 — **Saxe**. Petit vase à panse godronnée et deux anses avec bouquet de fleurs.

400 — **Saxe**. Très petit vase à deux anses mascarons, avec bouquet de fleurettes en métal et fleurettes.

401 — **Saxe-Marcollini**. Très petit vase forme ovoïde, avec couvercle, à décor de fleurs: anses têtes de béliers et base carrée.

402 — **Saxe-Marcollini**. Très petit vase à piédouche, à deux anses têtes de béliers, décor fleurs et dorure.

403 — **Saxe**. Paire de très petits vases couverts, à anses faites de branchages, décorés de fleurs ; couvercles ajourés avec boutons faits d'une fraise.

404 — **Saxe**. Quatre très petits vases, forme bouteille, à deux anses, décor coréen avec animaux.

405 — **Saxe**. Deux très petits vases décorés et portant un bouquet de fleurs.

406 — **Saxe**. Très petit vase, de forme rocaille, contenant un bouquet de fleurs.

407 — **Saxe**. Très petit vase, forme bouteille, décor coréen.

408 — **Saxe**. Petit vase incomplet, forme balustre, fond vert d'eau et cannelures rose et or.

409 — **Saxe**. Petit vase avec couvercle, décor marine et personnages. Monture bronze.

410 — **Saxe**. Petit vase sur socle carré, décor à anneaux dorés et draperie rouge.

411 — **Saxe**. Paire de petits vases, forme rocaille, à pâte gaufrée, à anses faites de têtes de chérubins ; piédouches moulurés.

412 — **Saxe**. Trois petits vases à pâte gaufrée, décorés de fleurs, à anses-dauphins.

413 — **Saxe-Marcollini**. Vase couvert à anses têtes de béliers et guirlandes en relief, décor à fleurs. (*Fracture*.)

113 *bis* — **Saxe** (Madame). Deux tasses triangu-
laires à anse, à pâte gaufrée et médaillons à
fleurs.

114 — **Saxe**. Vase-cornet, orné de mascarons, têtes
de femmes et branchages de vigne en relief et
en couleur. (*Réparation.*)

115 — **Saxe**. Vase-balustre couvert à anses, décor
quadrillé bleu et chutes de fleurs avec mascarons en dorure. (*Fractures et manques.*)

116 — **Saxe**. Vase pot-pourri couvert, décoré de
médaillons à oiseaux, sur terrasse ornée de
fleurs, avec chien et perdrix.

117 — **Saxe**. Deux petits vases, ornés en relief d'enfants, de fleurs et de fruits; les couvercles sont
ajourés et surmontés de bouquets de fleurs.

118 — **Saxe**. Garniture de trois vases couverts,
décor en relief : enfants, fleurs et fruits, avec
anses palmiers, et décor à fleurs; les couvercles ajourés surmontés de fleurs.

119 — **Saxe**. Grand vase couvert à double renfle-
ment, de forme rocaille, à anses et figurines :
garçon et fillette, guirlandes de fruits et décor
de fleurs; couvercle ajouré et médaillons à
fleurs.

120 — **Saxe**. Cuiller à poudre, manche à coquille,
gaufrage et décor de fleurs.

121 — **Saxe**. Petite lampe de veilleuse à anse et
couvercle, décor fleurs et filet or.

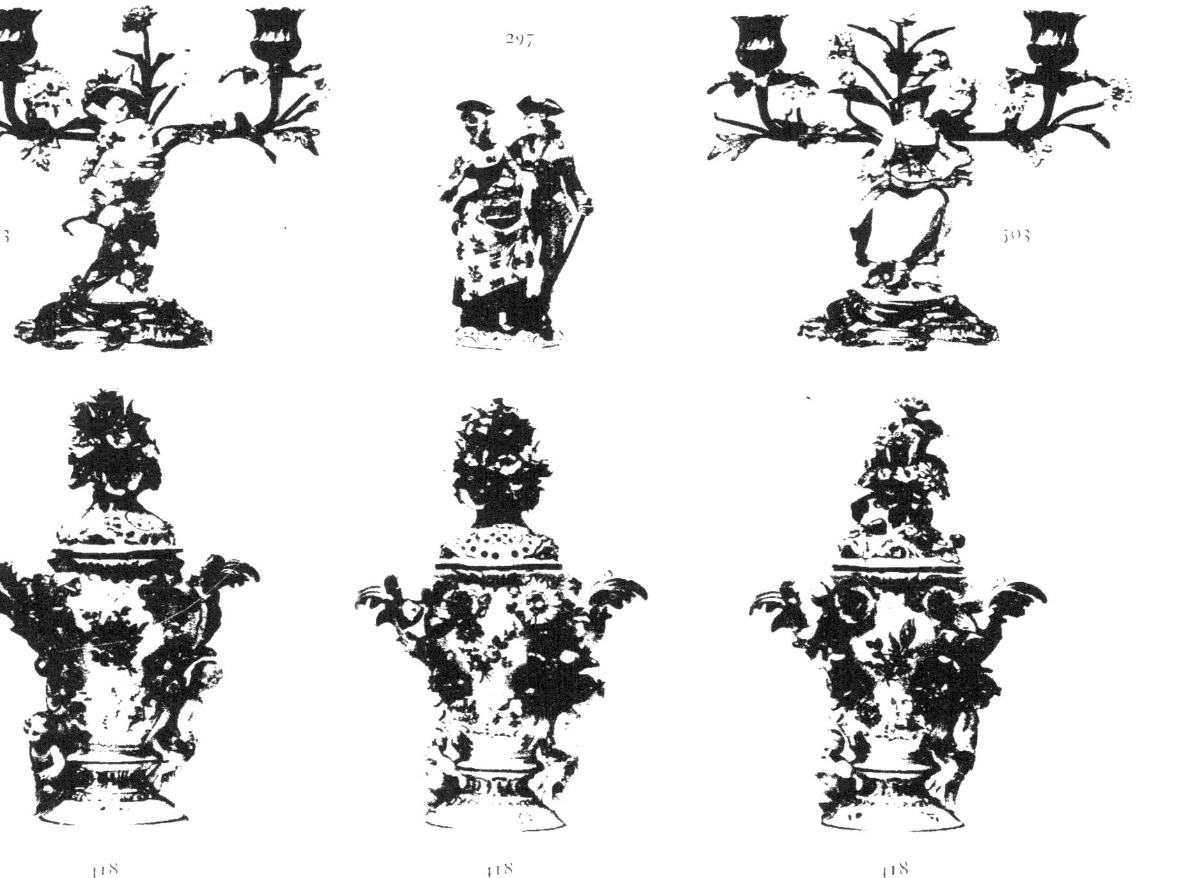
503
297
503
418
418
418

122 — **Saxe**. Petite bonbonnière ronde couverte, décor à fleurs.

123 — **Saxe**. Pipe à deux médaillons : marines, et gaufrage.

124 — **Saxe**. Quatre petites corbeilles rectangulaires à anses ; pâte gaufrée à vannerie et fleurettes.

125 — **Saxe**. Six manches de couteaux, à décor de fleurs.

126 — **Saxe**. Fourchette avec manche, décor à l'écureuil.

127 — **Saxe**. Deux bonbonnières, de forme ovale et contournée ; extérieur à vannerie et fleurs ; au revers, des fleurs, portraits d'homme et de femme : monture en métal doré.

128 — **Saxe**. Dé à coudre, décor fleurettes, dans son étui.

129 — **Saxe**. Étui, forme jambe ; monture en métal doré.

130 — **Saxe**. Très petit drageoir, à pâte gaufrée, fleurettes et chien ; monture métal doré.

131 — **Saxe** (Moderne). Autre très petit drageoir.

132 — **Saxe**. Flacon, décor de masques sur fond vert clair.

133 — **Saxe** (Émail). Très petit flacon, forme œuf, décor fleurs.

134 — **Saxe et autres**. Lot d'environ cent fleurs, variées de décor et de dimensions.

435 — **Saxe**. Plaque de forme bombée, décor chinois.

436 — **Saxe**. Quatre couvercles de coupes ovales (pour nègres), variées de décor.

437 — **Saxe**. Lot de 12 pièces, galerie de surtout de table.

438 — **Saxe**. Lot de fragments de candélabres, ornés de fleurs.

439 — **Saxe**. Socle carré, décor fleurs et dorure.

440 — **Saxe**. Autre socle, forme piédouche, décor en dorure.

441 — **Saxe**. Socle-support, orné de quatre mascarons, têtes de femmes.

442 — **Saxe** (?). Socle carré, décor fleurs et dorure.

443 — **Saxe**. Socle carré mo. luré, décoré de fleurs.

444 — **Saxe** (?). Paire de socles cylindriques, fond bleu-turquoise et fleurs dans des cannelures blanches : imitation de Sèvres.

445 — **Saxe**. Sucrier couvert, décor fleurs en relief et insectes en couleur.

446 — **Saxe**. Petite coupe coquille sur trois pieds, décor à fleurs.

447 — **Saxe**. Petite coupe à glace, forme feuille, décor fleur.

448 — **Saxe**. Coupe formée d'un citron sur feuille, décor naturel.

449 — **Saxe**. Autre coupe analogue : pêche.

450 — **Saxe**. Coupe formée d'un fruit, décor naturel.

451 — **Saxe**. Pot à crème, forme fruit.

452 — **Saxe**. Sucrier à poudre, forme fruit.

453 — **Saxe** (Moderne). Dix-huit coupes à glace, à globes, gaufrages et oiseaux.

454 — **Saxe**. Petite coupe à piédouche, de forme ovale contournée, décor à fleurs.

455 — **Saxe**. Vide-poche, formé d'un colimaçon. (Marque barrée.)

456 — **Saxe**. Tasse (service du Comte de Bruhl), pâte gaufrée à cygnes; bord avec fleurs et blason.

457 — **Saxe**. Deux grandes tasses, à bord lobé, avec une soucoupe, décor coréen.

458 — **Saxe-Marcollini**. Tasse et soucoupe, fond or et médaillon à fleurs.

459 — **Saxe**. Tasse, forme évasée à anse, avec soucoupe, fond bleu et personnages biscuit; rinceaux en dorure.

460 — **Saxe**. Petite tasse et sa soucoupe, pâte gaufrée et décor à fleurs.

461 — **Saxe**. Deux petites tasses sans anse et une soucoupe, pâte gaufrée et décor oiseaux.

462 — **Saxe.** Petite tasse-trembleuse et soucoupe, pâte gaufrée et décor fleurs. (*Anse manque.*)

463 — **Saxe.** Tasse et soucoupe, pâte gaufrée et quatre médaillons à fleurs.

464 — **Saxe.** Tasse et soucoupe, de forme rayonnante, dorure et inscription allemande.

465 — **Saxe-Marcollini.** Cabaret, composé d'une grande cafetière couverte, un sucrier couvert et un plateau, un bol, une boîte à thé couverte, onze tasses et douze soucoupes. Décor à médaillons de paysages, avec figures encadrées de fleurs et ruban en dorure.

466 — **Saxe Moderne.** Petit solitaire : plateau, tasse et soucoupe, sucrier et théière couverts : fond vert et enfants en camaïeu.

467 — **Saxe, Vienne et Paris.** Trois soucoupes, variées de forme et décor.

468 — **Saxe.** Six petits présentoirs, gaufrés et décorés de cinq bouquets de fleurs.

469 — **Saxe.** Sucrier couvert, décor à personnages et fleurs.

470 — **Saxe.** Clochette à fond lie-de-vin et médaillons de personnages. *Fracture.)*

471 — **Saxe** (Moderne). Clochette faite d'une statuette de femme à jupe crinoline.

472 — **Saxe** (?) Sucrier couvert ovale, décor chinois et arabesques.

173 — **Saxe**. Sucrier couvert, décor à personnages et dentelle d'or. (*Fracture.*)

174 — (**Saxe** ?) Pot couvert et sucrier couvert, décor à fleurs en camaïeu rouge. (*Un couvercle fêlé.*)

175 — **Saxe**. Deux petits plateaux ronds, à décor de petits bouquets.

176 — **Saxe**. Petit plateau, de forme contournée, décor coréen.

177 — **Saxe**. Petit plateau à quatre lobes, décor à insectes.

178 — **Saxe**. Soucoupe ovale à quatre lobes, décor à compartiments : deux à personnages sur fond bleu et deux à fleurs sur fond vert d'eau.

179 — **Saxe**. Marronnière, de forme ronde, à deux anses et trois pieds, ajourée et décor de fleurs.

180 — **Saxe-Marcollini**. Bourdaloue, décor fleurs.

181 — **Saxe**. Petit cachepot à deux anses, de forme évasée, décor à fleurs. (*Anse fracturée.*)

182 — **Saxe**. Saucière à anse, à gaufrage et décor de fleurs.

183 — **Saxe**. Paire de saucières à anses et pieds formés de branchages, avec fleurs en relief, décor à paysages.

184 — **Saxe**. Deux salières doubles, à anses et ornées de deux figurines : Garçon et fillette assis.

485 — **Saxe**. Une salière double, analogue aux précédentes, avec figurine de jeune garçon.

486 — **Saxe**. Paire de salières ovales, à pâte gaufrée, décor en couleur coréen.

487 — **Saxe**. Autre paire de salières, à pâte gaufrée, décor de fleurs.

488 — **Saxe**. Salière, à pâte gaufrée, décor oiseaux et insectes.

489 — **Saxe**. Salière, à trois compartiments, avec anse à ruban rouge, décor à fleurs.

490 — **Saxe**. Trois salières rondes sur pied tripode, décor oiseaux et insectes (*fracturées*), dont deux à têtes de femmes sur les pieds.

491 — **Saxe**. Neuf salières, à trois pieds, en forme de coquilles, variées de forme et décor. (*Accidents divers.*)

492 — **Saxe et autres**. Sept fûts de colonnes provenant d'un surtout, décor en dorure ou torsades de fleurs.

493 — **Saxe-Marcollini**. Grand flambeau, avec Chinois jouant de la guitare, et singe tenant un fruit.

494 — **Saxe**. Flambeau en bronze ciselé et doré, à branchages ornés de fleurettes en porcelaine et d'une statuette d'Amour : Fillette à pèlerine et bonnet blanc. Époque Louis XV.

495 — **Saxe**. Deux appliques, à une lumière, forme rocaille avec relief. (*Fracture et réparation.*)

496 — **Saxe**. Bougeoir, à anse branchage, décor à fleurs en relief et en couleur.

497 — **Saxe**. Flambeau, à deux branches, en bronze moderne, orné sur la terrasse d'un groupe de deux figurines en porcelaine : Garçon et fille.

498 — **Saxe**. Paire de girandoles, avec branches à deux lumières, de forme rocaille, avec fleurs et branchages en relief et en couleur.

499 — **Saxe-Marcollini** Flambeau, à rocailles en relief et fleurs en camaïeu.

500 — **Saxe**. Paire de flambeaux à plusieurs pans et moulures, ornés de fleurs en couleurs. *Fracture.)*

501 — **Saxe**. Candélabre à deux lumières : Femme assise portant une branche double de feuillage.

502 — **Saxe**. Petit candélabre à deux lumières, formé d'un groupe de deux personnages : Berger tenant un nid d'oiseaux avec enfant. (*Une branche incomplète.)*

503 — **Saxe**. Paire de candélabres à deux lumières en bronze ciselé et doré, du temps de Louis XV, ornés de deux figurines : Homme et femme jouant de la cornemuse et de la vielle.

504 — **Saxe**. Grand candélabre à cinq lumières, formé d'une grande figurine de femme assise sur un piédestal à quatre pieds rocailles, décoré de fleurettes. (*Réparations.)*

505 — **Saxe** (). Paire de candélabres, avec bouquets à quatre lumières, portés par un groupe de femmes et amours, décor à fleurs.

506 — **Saxe**. Candélabre à trois lumières, sur terrasse ornée de deux amours : Garçon et fillette danseurs.

507 — **Saxe**. Deux compotiers ronds lobés, à bord vannerie et bouquets de fleurs. (*Un est fracturé.*)

508 — **Saxe-Marcollini**. Compotier rond, à décor coréen. Marqué : *Hof-Küche.*

509 — **Saxe**. Compotier rond, gaufrage à médaillons, décor à fleurs et au centre : Paysage et personnages. *Marque barrée.)*

510 — **Saxe**. Compotier rond à bord contourné, bord à côtes et vannerie, décor à bouquets.

511 — **Saxe**. Deux coupes, forme feuille, avec décor de fleurs, fruits et animaux.

512 — **Saxe**. Deux coupes, forme feuille gaufrée, décor fleurs.

513 — **Saxe**. Deux coupes ovales contournées, à gaufrage et cinq bouquets de fleurs.

514 — **Saxe**. Écuelle à deux anses, sans couvercle ni plateau, décor fleurs (*fracturée*) et un socle rond avec guirlandes en relief.

515 — **Saxe**. Petite écuelle couverte (sans plateau), décor fond myosotis, avec médaillons à fond d'or

516 — **Saxe**. Écuelle sans couvercle, à deux anses, gaufrage et décor de fleurs.

517 — **Saxe**. Écuelle couverte et plateau, décor à guirlandes et nœud de ruban ; bord vert pomme. (*Fracturé.*)

518 — **Saxe**. Deux grands plateaux ovales, à deux anses rocailles, marli à côtes et vannerie, décor à bouquets de fleurs.

519 — **Saxe**. Plateau rond à contours, gaufrages et fleurs ; blason et croix de Saint-André.

520 — **Saxe**. Plateau ovale, à anses rocailles, marli à guirlandes de fleurs ; au centre, groupe de volatiles.

521 — **Saxe-Marcollini**. Plateau triangulaire à contours, filet rouge enguirlandé de fleurettes ; au centre, bouquet. (*Fracturé.*)

522 — **Saxe** (Moderne). Plateau ovale à contour, gaufrage et fleurs.

523 — **Saxe**. Surtout de table sur quatre pieds consoles et contre-socles ; décor à gaufrage et fleurs.

524 — **Saxe**. Surtout de table rectangulaire à angles arrondis, pieds à coquilles, bord vannerie, écusson armorié en relief et semis de fleurettes sur le dessus.

525 — **Saxe**. Soupière ronde et son couvercle, à deux anses rocailles ; gaufrage à côtes et quadrillé, décor de bouquets de fleurs. Le bouton du couvercle formé par un enfant.

526 — **Saxe**. Soupière ronde à lobes et couverte, avec son plateau, pâte gaufrée et décor de bouquets de fleurs et insectes, blason, armoiries et couronne de comte.

527 — **Saxe**. Soupière ovale couverte, avec son plateau, à anses rocailles fleuries, de forme lobée avec bord à vannerie et décor de fleurs. Le bouton du couvercle fait d'une statuette d'enfant.

528 — **Saxe**. Autre soupière ovale couverte, avec son plateau, analogue à la précédente, mais plus grande. (*Réparations.*)

529 — **Saxe**. Belle soupière et son couvercle, à deux anses rocailles, de forme ronde lobée, à gaufrage de médaillons de fleurs et attributs divers encadrés en dorure, bordure fond vert à écailles. Le couvercle est surmonté d'une figure de femme allégorique représentant : Cérès.

530 — **Saxe**. Autre belle soupière avec son couvercle, de forme ovale, à deux anses rocailles reposant sur quatre pieds-griffes. Elle est gaufrée à médaillons de fleurs, fruits ou attributs encadrés de dorure; bordure brique à résille d'or. Le couvercle est surmonté d'une figurine de femme allégorique tenant une coupe.

531 — **Saxe**. Grand légumier rond avec cloche formant couvercle, orné de fleurs en relief et bouton fait d'un citron.

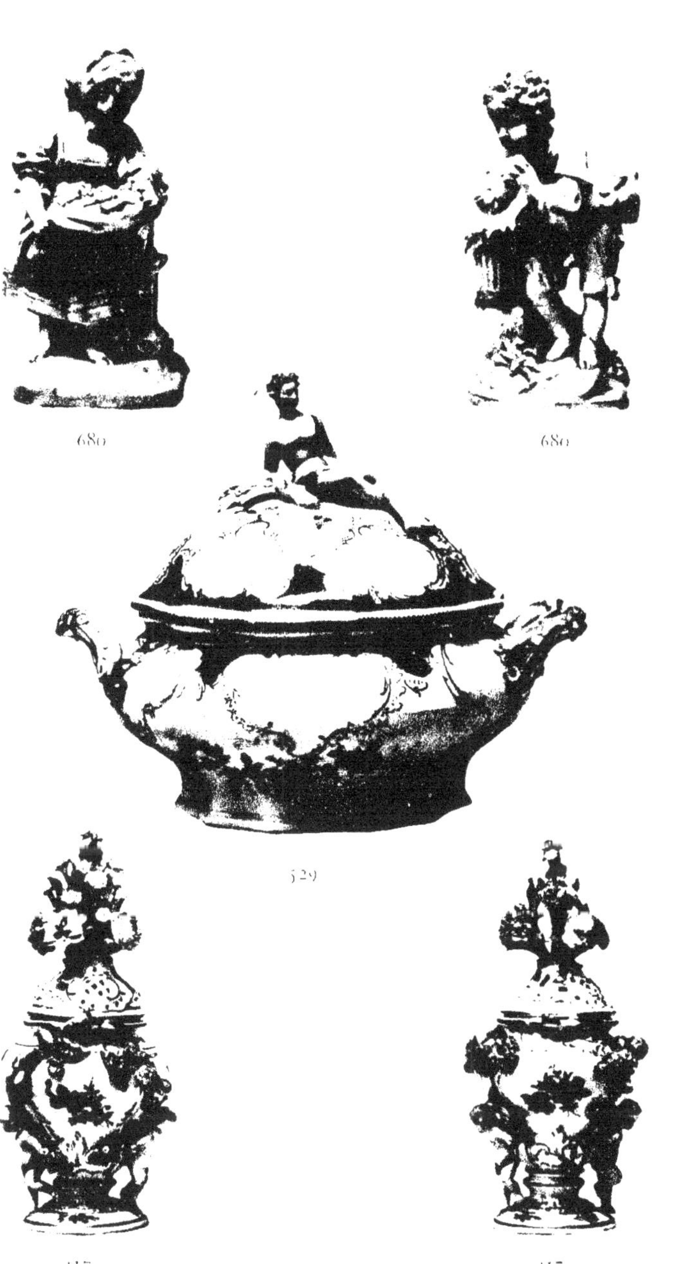

680

680

529

417

417

532 — **Saxe** (Décor moderne). Corbeille ovale ajourée, ornementée de fleurs rapportées et deux anses avec feuillage en cuivre.

533 — **Saxe**. Grande corbeille ovale contournée, à deux anses rocailles et quatre pieds branchages, ajourée et décorée de fleurs.

534 — **Saxe**. Deux petits plats ronds, gaufrage à fleurs et compartiments, avec fleurettes en couleurs; au centre, bouquet.

535 — **Saxe**. Deux petits plats ovales, marli à côtes et vannerie, décor à fleurs.

536 — **Saxe**. Plateau d'écuelle, marli à fleurettes en relief et, au centre, semis.

537 — **Saxe**. Grand plat ovale, bord à côtes et vannerie, décor à fleurs.

538 — **Saxe-Marcollini**. Grand plat rond, marli gaufré à coquilles et quatre médaillons; au centre, bouquet de fruits et fleurs. (*Marque barrée.*)

539 — **Saxe**. Cinq grands plats ronds de grandeur variée, à marli côtelé et à vannerie, décor à bouquets de fleurs.

540 — **Saxe**. Assiette, marli vannerie avec fleurs; au centre, bouquet de fruits et fleurs.

541 — **Saxe**. Assiette, marli gaufré à myosotis et bouquets de fleurs.

542 — **Saxe**. Assiette à bord ajouré et marli gaufré, à mascarons ; au centre, fleurs.

543 — **Saxe-Marcollini**. Assiette à bord contourné, marli à torsade de fleurs et feuillage ; au centre, médaillon rond à fleurs et trois sujets : Animaux de basse-cour.

544 — **Saxe** (Moderne). Deux assiettes dépareillées à bordure verte, l'une à sujet de chasse, l'autre à bord ajouré et, au centre, deux enfants jouant.

545 — **Saxe** (Moderne). Assiette à marli gaufré, décor à médaillon et rocaille ; au centre, chiffre A. M.

546 — **Saxe**. Dix-sept assiettes, variées de décor.

547 — **Saxe**. Grande assiette, à marli avec fleurs en relief et au centre insectes en couleur.

548 — **Saxe**. Sept assiettes à marli ajouré, variées de décor.

549 — **Saxe**. Trois assiettes gaufrées à vannerie, avec cinq médaillons de fleurs à filet or.

550 — **Saxe**. Trois assiettes, bord festonné à dentelle d'or, gaufrage à fleurs, décor à bouquets de fleurs.

551 — **Saxe**. Deux assiettes dont une creuse, marli à côtes et vannerie, décor à fleurs.

552 — **Saxe**. Trois assiettes à dessert, à bord festonné, dentelle d'or, pâte gaufrée, fleurs et blason en couleur.

553 — **Saxe**. Cinq assiettes à bord festonné gaufrage, fleurs au marli et paysage au centre avec figures. (*Marque barrée.*)

554 — **Saxe**. Deux assiettes à dessert, à bord festonné, marli gaufré à quatre médaillons fleurs ; au centre, bouquet.

555 — **Saxe**. Trois assiettes hexagonales à six coquilles en relief, décor fleurs en couleur.

556 — **Saxe**. Deux assiettes, marli ajouré et gaufré, décor à fleurs en camaïeu rouge.

557 — **Saxe**. Sept assiettes à dessert, à bord denté et doré, gaufrage et décor à fleurs.

558 — **Saxe** (Ancien et moderne). Quatre-vingt-huit assiettes plates et creuses à hachures vertes : au centre, trois cors de chasse et ruban vert.

559 — **Saxe**. Cinq assiettes à bord contourné, gaufrage et fleurettes au marli et bouquet au centre.

560 — **Saxe**. Dix assiettes à bord festonné et gaufrage fleurs ; au centre, fruits et, au marli, animaux, oiseaux et fleurs ou insectes.

561 — **Saxe**. Vingt assiettes à dessert à bord lobé, gaufrage et décor de bouquets de fleurs et insectes, blason, armoiries à couronne de comte.

562 — **Saxe**. Quarante-trois assiettes plates ou creuses, gaufrées, à bord festonné : au marli, quatre bouquets et un au centre.

563 — **Saxe**. Vingt-deux assiettes (*deux fracturées*), à marli ajouré avec coquilles; au centre, fleurs et fruits.

564 — **Saxe**. Quinze assiettes analogues aux précédentes, avec marli blanc.

565 — **Saxe** (Moderne). Huit assiettes à marli ajouré; au centre, bouquet et fleurettes.

566 — **Saxe-Marcollini**. Sept assiettes à dessert et quatre compotiers, marli ajouré avec quatre médaillons à oiseaux; au centre, bouquets de fruits.

567 — **Saxe-Marcollini**. Vingt-quatre assiettes, dont six creuses (*cinq ébréchées*), marli à guirlandes et petits nœuds; au centre, groupe d'oiseaux.

568 — **Saxe**. Dix-sept grandes assiettes, gaufrage à coquilles avec quatre médaillons à fleurs; au centre, fleurs ou fruits. (*Quelques différences dans le décor.*)

569 — **Saxe**. Soixante-neuf assiettes dont neuf creuses, marli à vannerie et fleurettes, avec bouquet au centre. *Quelques variantes dans le décor.*)

570 — **Sèvres** (Pâte tendre). Trois soucoupes variées de forme et décor à bouquets de fleurs.

571 — **Sèvres** (Pâte tendre). Grande tasse droite à anse coupée, décor à fond rose, œil de perdrix et médaillon à personnage, d'après *Boucher*.

572 — **Sèvres**. Tasse évasée et soucoupe, plus deux tasses analogues, décor à double filet bleu et fleurs.

573 — **Sèvres** (Pâte tendre). Tasse sans anse et soucoupe, décor feuille de chou et bouquets de fleurs. (*Coup de feu.*)

574 — **Sèvres**. Tasse à deux anses et une autre sans anse, décor à bouquets de roses.

575 — **Sèvres** (Pâte dure). Tasse droite et soucoupe, vases de fleurs et rosaces dorées sur fond mauve.

576 — **Sèvres** (Pâte tendre). Tasse droite et soucoupe, fond bleu-turquin et décor filet et feuillage en dorure.

577 — **Sèvres** (Pâte tendre). Tasse droite et soucoupe, fond bleu de roi, décor en dorure : sujets, bustes et guirlandes. (*Tasse fêlée.*)

578 — **Sèvres** (Pâte tendre). Tasse droite et soucoupe, à fond bleu-turquin, marbré or, avec médaillons à oiseaux. (*Anse cassée.*)

579 — **Sèvres** (Pâte tendre). Tasse arrondie et soucoupe, décor à torsade de fleurs en camaïeu bleu.

580 — **Sèvres** (Pâte tendre). Tasse droite et soucoupe, à bord rose et pensées dans un quadrillé pointillé d'or.

581 — **Sèvres** (Pâte dure). Tasse droite et soucoupe, décor par cercles jaune et or et bandes brunes ondulées.

582 — **Sèvres** (Pâte tendre). Petite tasse droite et soucoupe, à semis de bleuets.

583 — **Sèvres** (Pâte tendre. Tasse droite et soucoupe, fond bleu Mazarin et médaillons à paysages et oiseaux. (*Restaurée.*)

584 — **Sèvres** (Pâte tendre. Grande tasse droite et soucoupe, fond bleu de roi, avec fleurs et ornements en dorure.

585 — **Sèvres** (Pâte tendre). Petite tasse arrondie et soucoupe, avec guirlandes et petites roses; petite bordure bleu marbré or. (*Fracture.*)

586 — **Sèvres**. Petite tasse arrondie et soucoupe, fond bleu-turquoise et médaillons réservés à fleurs.

587 — **Sèvres** (Pâte tendre). Tasse trembleuse avec couvercle et soucoupe, bandes bleues avec roses, et roses sur pointillé. (*Bouton recollé.*)

588 — **Sèvres** (Pâte tendre. Tasse droite et soucoupe, bandes bleues, pointillé or et rouge, entrelacs de laurier et petites rosaces.

589 — **Sèvres**. Tasse et soucoupe, décor fleurs en camaïeu bleu.

590 — **Sèvres**. Tasse droite, décor amour à chair rose sur nuage bleu, et soucoupe à oiseau et fleurs en camaïeu bleu.

591 — **Sèvres**. Tasse droite et soucoupe, filet bleu et bouquets de fleurs.

592 — **Sèvres** (Pâte tendre). Tasse à anse sans soucoupe, décor à guirlandes de fleurs, rinceaux et dorure.

593 — **Sèvres**. Petite coupe, décor feuille de chou et fleurs, sur base en bronze doré.

594 — **Sèvres**. Trois soucoupes, à décor varié.

595 — **Sèvres** (?). Tasse droite et soucoupe, fond bleu de roi, avec sujet genre antique en dorure et pointes d'émaux. (*Fêlée et cassée.*)

596 — **Sèvres** (Genre de). Grande tasse et soucoupe, décor fleurs et feuille de chou.

597 — **Sèvres** (**Genre de**). Petite tasse à deux anses sur plateau carré à fond bleu de roi et décor en dorure; rosaces en quadrillé.

598 — **Sèvres** (Pâte tendre). Moutardier, forme tonnelet, décor de fleurs et filets bleus. (*Fêlé.*)

599 — **Sèvres**. Moutardier couvert à anse, décor à fleurs et filet or.

600 — **Sèvres** (Pâte tendre). Sucrier à poudre ovale, avec couvercle à anse torsade, décor à fleurs.

601 — **Sèvres** (Pâte tendre). Bol, décoré extérieurement de bandes bleues et roses, séparées par une frise d'ornements, avec petites guirlandes. Année 1788.

602 — **Sèvres** (Pâte tendre). Petite coupe ronde (*anse coupée*), fond bleu-turquoise, avec fleurs à l'intérieur dans une rosace. (Corin.)

603 — **Sèvres** (Pâte tendre). Petite coupe faite d'une tasse, à décor blanc réservé sur fond bleu : monture à anses en bronze. (*Fracturée.*)

604 — **Sèvres** (?). Porte-huilier, à fond bleu de roi et caillouté d'or.

605 — **Sèvres** (Pâte tendre). Théière sans couvercle, décor de guirlandes nouées par des nœuds de ruban. (*Fracture.*)

606 — **Sèvres** (Pâte tendre). Paire de salières doubles, filets bleu et rouge et petites torsades de fleurettes.

607 — **Sèvres** (Pâte tendre). Quatre salières à trois compartiments, dont une en pâte dure, avec anses coupées, décor à filets bleus et fleurettes.

608 — **Sèvres** (Pâte tendre). Paire de salières doubles, à guirlandes de roses, nœuds rouges et bords dorés.

609 — **Sèvres** (Pâte dure). Salière double, décor à ruban bleu et guirlandes de fleurs; bleuets à l'intérieur.

610 — **Sèvres** (Pâte tendre). Paire de salières doubles, décor à roses et pensées.

611 — **Sèvres** (Pâte tendre). Salière double à quatre pieds, décor fond vert clair et médaillons fleurs. (*Un pied recollé.*)

612 — **Sèvres** (Pâte tendre). Salière à trois compartiments et à anse, décor à filet rouge et oiseaux.

613 — **Sèvres** (Genre de). Paire de salières à quatre lobes, fond bleu-turquoise et médaillons de fleurs.

614 — **Sèvres**. Petite aiguière forme casque, fond bleu et partie supérieure à fleurettes sur fond blanc.

615 — **Sèvres**. Coquetier à anse-fond bleu-turquoise et médaillon à oiseau. (*Serrice de Buffon.*)

616 — **Sèvres** (Pâte tendre). Pot à crème à anse et couvercle, fond bleu du roi et médaillon à oiseaux. (*Couvercle assorti.*)

617 — **Sèvres** (Pâte tendre). Pot à crème couvert, décor feuille de chou et fleurs. (*Anse manque.*)

618 — **Sèvres**. Quatorze pots à sorbets en pâtes tendre et dure, décor à torsades de fleurettes.

619 — **Sèvres** (Pâte tendre). Pot à sorbet, fond bleu-turquoise et médaillon à fleurs. (*Anse cassée.*)

620 — **Sèvres**. Trois coquetiers, décor fleurs, filet bleu et dent d'or.

621 — **Sèvres** (Pâte tendre). Deux pots à sorbets, décor à bouquets de bluets dans un médaillon et bandes à fleurettes et filets d'or.

622 — **Sèvres**. Deux pots à sorbets, l'un à décor de roses et filets, l'autre à guirlandes et vase. (*Service du Barry*.)

623 — **Sèvres** (?) (Pâte tendre). Deux pots de toilette couverts, fond bleu-turquin, dentelle or et médaillons à oiseaux.

624 — **Sèvres**. Socle plat en deux parties scellées, l'une tendre, l'autre dure, à bord bleu-turquoise et fleurs; au centre, bouquet et couronne de fleurs.

625 — **Sèvres**. Base de socle carré, fond bleu et dorure.

626 — **Sèvres**. Coquetier sur pied élevé, décoré de bouquet de fleurs. (*Restauré.*)

627 — **Sèvres** (Pâte tendre). Deux petits vases faits de pots à fard, fond vert et médaillon à fleurs, sur socles carrés, en porcelaine décorée et monture en bronze doré.

628 — **Sèvres** (Pâte dure). Seau à deux anses et décor de bouquets de fleurs. (*Émail usé.*)

629 — **Sèvres** (Pâte tendre). Vase à piédouche, fond bleu-turquoise et médaillons fleurs et oiseaux; monture bronze.

630 — **Sèvres** (Moderne). Paire de petits cache-pot jardinières à fond quadrillé d'or, couronnes de fleurettes, etc.; montures en bronze doré.

631 — **Sèvres** (Genre de). Paire de vases, de forme ovoïde, à deux anses et couvercles ajourés, décor fond bleu et médaillons, d'après *Wouwerman*, et paysages,

632 — **Sèvres** (Genre de). Paire de vases brûle-parfum, fond vert olive; montures en bronze doré.

633 — **Sèvres** (Genre de). Neuf poêlons-cocottes à manche bois tourné, variés de décor.

634 — **Sèvres**. Deux petites plaques bombées, bord à œil de perdrix et médaillons à fleurs.

635 — **Sèvres** (Pâte tendre). Compotier rond et plateau ovale, à feuille de chou et bouquets en couleur.

636 — **Sèvres** (Pâte tendre). Compotier coquille, à filet bleu et bouquet...

637 — **Sèvres** (Pâte tendre). Compotier losange à coins ronds, bordure bleu Mazarin et bouquet de roses au centre.

638 — **Sèvres** (Pâte tendre). Autre compotier pentagonal, décor analogue.

639 — **Sèvres** (Pâte tendre). Six assiettes à dessert, décor analogue.

640 — **Sèvres-Vincennes**. Compotier rond à bord lobé et à vannerie, décor fleurs et insectes.

641 — **Sèvres-Vincennes**. Autre compotier plus petit, analogue, avec fleurs au centre.

642 — **Sèvres** (Pâte tendre). Plateau ovale à quatre lobes, décor hachures et filet bleu, bouquets de fleurs.

643 — **Sèvres (Genre de)**. Plateau rectangulaire, à bord relevé et quatre petits pieds. Fond bleu-turquoise ; au centre, fleurs dans un médaillon.

644 — **Sèvres (Genre de)**. Deux plaques ovales, fond bleu et médaillons à fleurs sur fond blanc.

644 *bis* — **Sèvres (Genre de)**. Plaque ovale, médaillon à oiseaux et bord bleu-turquoise. Cadre en bronze.

645 — **Sèvres**. Une plaque carrée à fleurettes.

646 — **Sèvres** (Pâte tendre). Cinq assiettes à bord lobé, double filet bleu et décor à bouquets de fleurs.

647 — **Sèvres** (Pâte tendre). Vingt-cinq assiettes à bords contournés, décor à double filet bleu, guirlandes et fleurs au centre.

648 — **Sèvres** (Pâte tendre). Cinq assiettes à bord festonné et gaufrage spirale, filet bleu et bouquets de fleurs.

649 — **Sèvres** (Pâte tendre). Deux assiettes creuses à filet bleu et bouquets de fleurs.

650 — **Sèvres** (Pâte tendre). Cinq assiettes blanches festonnées, marli gaufré.

651 — **Sèvres** (Pâte tendre). Quarante-deux assiettes à dessert, marli gaufré à médaillons, rinceaux à double ligne bleue et décor à bouquets de fleurs.

652 — **Sèvres** (Pâte tendre). Cinq assiettes hachures gaufrées et bouquets de fleurs.

653 — **Sèvres** (Pâte tendre). Trois assiettes blanches.

654 — **Sèvres** (Pâte tendre). Onze assiettes, à bord festonné, marli à rinceaux bleus et grappe de raisin gaufré, décor à petits bouquets. *Légères différences.*)

655 — **Sèvres** (Pâte tendre). Vingt-une assiettes, à bord lobé et petit gaufrage, double filet bleu et petits bouquets en couleur.

656 — **Sèvres** (Pâte tendre). Vingt-six assiettes, analogues aux précédentes, sans le petit gaufrage.

657 — **Sèvres**. Deux assiettes, pâte tendre et pâte dure, variées de décor.

658 — **Sèvres**. Deux compotiers camaïeu rose (frac-(turés, plus une assiette pâte tendre, décor fleurs.

659 — **Sèvres** (Genre de). Neuf assiettes variées de décor.

660 — **Strasbourg** (Moderne). Groupe : le Savetier.

661 — **Tournai** (Pâte tendre). Tasse droite et soucoupe, à bandes bleues et fleurettes en dorure.

662 — **Tournai et Arras**. Deux assiettes en pâte tendre, décor d'oiseaux, marli à ligne bleue, et l'autre, amours en camaïeu rose et bord bleu.

663 — **Tournai, Arras et autres**. Vingt-deux assiettes à bord côtelé en spire et décor fleurs, camaïeu bleu.

664 — **Tournai, Arras et autres**. Huit assiettes plates ou creuses, bord à côtes et vannerie; au centre, couronne de fleurs en camaïeu bleu.

665 — **Vienne**. Tasse à anse et soucoupe, décor feuillage.

666 — **Vienne**. Tasse à anse, décor à fleurs.

667 — **Vienne**. Tasse arrondie et soucoupe, à décor de filet bleu et fleurs.

668 — **Vienne**. Salière ovale, à pâte gaufrée et fleurs en camaïeu rouge.

669 — **Vienne**. Corbeille ronde, à deux anses, ajourée, avec fleurettes en relief.

670 — **Vienne**. Plateau contourné à deux anses, rocailles et six tasses, décor à vannerie et médaillons à fleurs. (Fracture au plateau.)

671 — **Vienne**. Paire de cache-pot jardinières à relief et décor de fleurs : bouquets garnissant les intérieurs.

672 — **Vienne**. Compotier, forme feuille, avec bordure rocaille ajourée.

673 — **Vienne**. Deux grands vases couverts, à piédouches et contre-socles, décorés sur fond rouge d'une frise à personnages dans le goût de l'antique. (*Couvercles fracturés.*)

674 — **Vienne**. Grande assiette, à marli orné de compartiments à fleurs sur fond vert et étoiles blanches : au fond, bouquet de fleurs.

675 — **Vienne**. Trois grandes assiettes à bord ajouré et petit décor varié.

676 — **Vienne**. Deux assiettes, l'une creuse à bord vannerie et bouquets de fleurs, l'autre imitant le Sèvres à double ruban vert et fleurs au centre.

677 — **Vincennes**. Tasse évasée à anse, fond bleu et réserve avec oiseaux en dorure. Soucoupe de la République, assortie. (*Fêlée.*)

678 — **Vincennes**. Tasse droite (*fêlée*) et soucoupe fond bleu et oiseaux.

679 — **Vincennes**. Petit pot couvert, fond bleu et oiseaux sur fond blanc. (*Fracturé.*)

680 — **Vincennes**. Deux statuettes émaillées en blanc, faisant pendants : Jeune garçon debout près d'un tronc d'arbre, les mains jointes, et fillette debout, tenant des fruits dans son tablier. L'une des deux statuettes porte en creux, gravé dans le biscuit, la lettre *D*.

(*Pièces citées dans l'Histoire des Manufactures françaises de porcelaine, par le comte de Chavagnac et le marquis de Grollier, page 267*).

681 — **Wedgwood**. Deux plateaux ovales, à lobe
vannerie et anses à feuilles de vigne décorées
en bleu.

682 — **Wedgwood**. Deux vases variés et une aiguière
en biscuit orné de bas-reliefs.

683 — **Wedgwood**. Soupière couverte et son plateau,
de forme ovale à deux anses, décor bleu.

684 — **Worcester**. Deux corbeilles ajourées à deux
anses, décor bleu et fleurettes en relief.

685 — **Worcester**. Huit corbeilles de dimension
variée, à décor bleu. *Une fracturée.*

TABLEAUX

686 — QUATRE PANNEAUX, peints en grisaille, en hauteur : Figures allégoriques et mythologiques. Manière de *de Witt*. xviiie siècle.

687 à 689 — SIX TABLEAUX paysages, par *Lebasque*. Signés. (Seront divisés.)

SCULPTURES

EN TERRE CUITE. ALBATRE, BRONZE

690 — STATUETTE DE FEMME COUCHÉE SUR LIT ANTIQUE en albâtre. (*Socle fracturé.*)

691 — STATUETTE EN ALBATRE : le Berger Pâris debout.

692 — DEUX LIONS COUCHÉS en terre cuite peinte, imitation bronze.

693 — STATUETTE DE JEUNE FILLE DEBOUT en terre cuite.

694 — STATUETTE DE FIGURE ÉGYPTIENNE en terre cuite.

695 — TROIS MÉDAILLONS en terre cuite : Bustes de profil, dont un de *Chinard*.

696 — BUSTE D'HOMME en terre cuite, xixe siècle.

697 — Buste d'homme en terre cuite. Style xviii siècle.

698 — Buste de femme en terre cuite. Style xviii
siècle.

699 — Buste d'homme en terre cuite. xviii siècle.
Signé et daté : *1777.*

700 — Deux bustes d'enfants en terre cuite, l'un à
piédouche, l'autre sur socle séparé.

701 — Buste d'homme à perruque en terre cuite.
xviii siècle.

702 — Autre buste d'homme Louis XVI en terre
cuite.

703 — Petit buste d'officier en terre cuite. Signé :
Chinard de Lyon. Socle marbre.

704 — Petit buste de Rousseau en terre cuite, du
xviii siècle. Sur piédouche de même matière.

705 — Autre petit buste en terre cuite, du xviii
siècle. Sur piédouche en marbre bleu-turquin.
Personnage du temps de la Révolution.

706 — Tête de femme en bronze, coiffée d'un bonnet.
Sur socle en marbre.

707 — Groupe de deux enfants : Lutteurs, en bronze.
Sur base moulurée.

708 — Statuette de Molière debout, lisant, en
bronze doré. Sur base en marbre vert de mer.

709 — Statuette en bronze : Femme couchée sur
un lit à l'antique ; deux colombes à ses pieds.

710 — BUSTE D'HOMME en bronze, grandeur nature, XIXe siècle. Socle piédouche en marbre.

711 — DEUX BUSTES D'HOMMES en bronze. Sur socles piédouches en marbre.

712 — TROIS STATUETTES en bronze : Femmes debout drapées à l'antique. Sur socles porphyre et vert antique, ornés de bronzes. Deux forment pendants.

713 — STATUETTE EN BRONZE : Minerve assise. Socle de même matière.

714 — STATUETTE EN BRONZE : Saturne debout. Sur socle carré en porphyre.

715 — STATUETTE EN BRONZE : Antinoüs debout. Sur socle rond en marbre.

716 — STATUETTE EN BRONZE : Jupiter assis. Socle en marbre.

717 — PETITE STATUETTE en bronze : Mercure, de *Jean de Bologne*. Socle en marbre cannelé.

717 *bis* — PETIT CHIEN couché sur un coussin en marbre blanc.

OBJETS DE VITRINE

BIJOUX — ÉTUIS — BOITES, ETC.

718 — Trois lorgnettes anciennes.

719-720 — Lot de neuf objets variés : carnet, cadrans de montre, étuis, etc.

721-722 — Lot de huit pièces : ivoire, écaille : coupe-papier, garniture d'éventail, couteau, miroir, etc.

723 — Lot de onze objets variés en nacre

724 — Coupe, pelotes, etc. Cinq pièces en nacre ; montures en cuivre doré.

725 — Lot de breloques corail, petit miroir manche en nacre, couteau et flacon.

726 — Trois étuis en ivoire, XVIIIᵉ siècle.

727 — Petite boite a épingles en ivoire, ornée d'entrelacs.

728 — Autre boite analogue en ivoire et pointe d'acier.

728 bis — Trois boites en ivoire verni et écaille, celle-ci avec miniature, XVIIIᵉ siècle.

729 — Boite a mouche en corne gravée.

730 — Lot de treize pièces : petites timbales, plateaux, flacons, et deux godets d'encrier en argent.

730 bis — Boîte ronde Louis XVI en or gravé, à médaillon ovale, et bordures à entrelacs et rosace. Elle est émaillée en partie.

731 — Nécessaire a coudre en maroquin rouge, avec fermoir en or Louis XV, renfermant un dé émaillé.

732 — Six étuis Louis XVI en cuivre doré.

733 — Étui en argent doré : buste de femme.

734 — Deux étuis en or, dont un Louis XVI.

734 bis — Deux étuis en argent ciselé et doré. Style Louis XVI.

735 — Douze bagues variées en or, argent, métal, quelques-unes ornées de pierres.

736 — Cinq pendentifs, du XVIIIe siècle, en argent, métal et acier, ce dernier, avec médaillons Wedgwood.

737 — Neuf chatelaines, du XVIIIe siècle, en or, argent et cuivre.

738 — Trois chatelaines, dont deux Louis XVI, en acier et cuivre.

738 bis — Chatelaine, avec étui-nécessaire et flacons, en cuivre doré. Louis XV.

739 — QUATORZE CHAINES, tour-de-cou et autres, avec ou sans pendeloques.

740 — MÉDAILLON OVALE LOUIS XVI, avec buste profil, en or. — Médaillon-pendeloque en verre églomisé, encadré d'or.

741 — QUATRE BOUCLES, un médaillon : portrait de femme ; breloque faite d'une main ; deux pendentifs et une boucle d'oreilles en argent et strass ; un bracelet en argent et pierre et un monocle en acier.

742 — TREIZE MONOCLES, BINOCLES en métaux divers, dont un avec chaine en acier.

743 — LOT de trente-huit breloques, flacons, dés, etc., la plupart en or.

744 — LOT de vingt-sept pièces en or ou métal : cachets, clés de montre, breloques, épingle, etc.

745 — LOT de débris divers.

746 — AUTRE LOT d'environ vingt pièces analogues.

OBJETS VARIÉS

747 — BOCAL COUVERT, forme pomme de pin, en argent. Sur socle piédouche : Bûcheron. Ancien travail allemand.

718 — TROIS TASSES ET SOUCOUPES en argent et vermeil; celles en vermeil d'époque Restauration.

749 — TROIS GOBELETS à piédouche en argent gravé et redoré.

750 — SALIÈRE RECTANGULAIRE à angles coupés en métal argenté, à moulures.

751 — COUPE en métal bronze, sur base dorée.

752 — SIX SALIÈRES en métal argenté et doré.

753 — PIPE en bois sculpté, tête de mort et livres portés par une main avec inscription gravée : *Memento mori.*

754 — DEUX COUPES en verre teinté; montures en bronze doré. Empire. (*Fractures.*)

755 — PAIRE DE VASES en verre opale; monture en cuivre doré. Empire.

756 — PETIT ÉVENTAIL plissé-soleil; monture en os,

757 — TONNELET en cristal taillé, sur support en bronze doré. Époque Restauration.

758 — Autre tonnelet plus petit en verre opale, sur support en bronze doré. Même époque.

759 — Coupe couverte en cristal taillé; monture en bronze doré. Époque Restauration.

760 — Lot de flacons et vases en cristal taillé, dont plusieurs avec monture de bronze doré. Nbr pièces.

761 — Trois flacons en métal ou verre.

762 — Quatre petits flacons en cristal.

763 — Coffret de forme octogone en verre et pierreries.

764 — Coffret en laque, décor en dorure, renfermant sept petites boîtes, garnies de jetons en nacre.

765 — Coffret rectangulaire en maroquin rouge ; ornements dorés.

766 — Coffret-papeterie, avec tiroir, en maroquin brun ; ornements dorés.

767 — Coffret rectangulaire en fer gravé et encadrements de frises.

768 — Coffret rectangulaire en racine, orné de bronzes dorés ; à l'intérieur, deux flacons et un sucrier en cristal, avec bouchons, pince et passe-thé. Époque Restauration.

769 — Coffret, de forme contournée, décoré au vernis.

770 — PETIT COFFRET en bois des îles, orné de perles et inscription : *Adèle*, en acier, plus six ustensiles divers en nacre.

771 — BOITE, décorée au vernis à sujet de personnages, renfermant des flacons garnis en argent, avec petit plateau et entonnoir.

772 — PUPITRE DE VOYAGE PLIANT en marqueterie de bois à damier, orné de deux anses en bronze doré.

773 à 775 — TROIS PUPITRES A LIRE en bois de placage ou marqueterie. XVIIIe siècle.

776 — PETIT CABINET, avec tiroirs, coffret et écritoire. Laque du Japon.

777 — CABINET ITALIEN, avec tiroirs intérieurs et ouvrant à deux portes, décor de bas-relief en ivoire. Époque Louis XIII.

778 — DEUX ORNEMENTS en bois sculpté : Caducée et cornes d'abondance.

779 — QUATRE COLONNETTES, sur socles, en bois partiellement doré et une colonne sur socle carré en métal en partie doré.

780 — TORCHÈRE en bois sculpté doré, sur trépied.

781 — TRIPTYQUE en bois sculpté : Frise d'enfants. Travail italien.

782 — PAIRE DE CONSOLES-SUPPORTS en bois sculpté doré, à guirlandes de chêne et laurier.

783 — TIRE-LIRE CARRÉE en bois et bronze.

784 — PETIT BASSIN en cuivre gravé, avec inscription. Travail oriental.

785 — TROIS SOCLES DIVERS en marbre ou granit.

786 — SOCLE RECTANGULAIRE en marbre bleu-turquin, orné d'une frise en bronze doré.

BRONZES D'AMEUBLEMENT

PENDULES, FLAMBEAUX

CANDÉLABRES, LUSTRES, ETC., ETC.

787 — CARTON contenant douze motifs appliques en cuivre doré.

788 — LOT de cuivres et bronzes divers anciens et modernes.

789 — PLATEAU TRIANGULAIRE, à bord contourné, en cuivre.

790 — PLATEAU DE SURTOUT ROND, à quatre pieds-griffes et galerie en bronze doré, avec dessus de glace.

791 — SUPPORT-VERRE D'EAU monté en bronze, avec carafe et verre en cristal.

792 — PLATEAU DE SURTOUT ROND, à trois pieds et galerie en bronze doré, avec dessus de glace et support terminé par une Renommée ; trois flacons en cristal. Époque Restauration.

793 — Plateau de surtout rond, sur trois pieds, avec galerie en bronze doré et dessus de glace; neuf verres et une coupe, cristal taillé. Époque Restauration.

794 — Plateau carré, à anse, en bronze doré, avec glace, sur quatre pieds chérubins et douze verres à liqueur. (*Plusieurs fracturés.*)

795 — Coupe en bronze patiné, sur trois pieds; contresocle rond en marbre rouge.

796 — Paire de petites buires, à anses et sirènes, en bronze. Empire.

797 — Paire de coupes élevées sur trépied en bronze doré. Empire.

798 — Petit nécessaire, en forme de toilette, avec glace mobile. — Bougeoir en bronze doré. — Vase en verre opale (*pied manque*). — Boîte en cartonnage.

799 — Pied de vase en bronze, à têtes de Méduse.

800 — Trois consoles-supports en bronze, dont deux forment pendants.

801 — Monture ancienne en bronze doré, du temps de Louis XVI.

802 — Petit écran en cuivre, avec feuille en soie. Sur base en marbre.

803 — Semainier-empire, râtelier en acier, support de porte-plume à deux sphinx. Trois pièces.

804 — QUATRE MORTIERS ANCIENS en bronze, dont un avec son pilon.

805 — PENDULETTE DE VOYAGE en bronze, surmontée d'un pélican. Sur quatre pieds-griffes.

806 — PENDULETTE en bronze Empire : Amour, carquois et colombes.

807 — PENDULE DE BUREAU en bronze patiné et ornements dorés. Empire.

808 — DEUX LIONS COUCHÉS, sur socles détachés, en bronze, de style XVIIIe siècle.

809 — DEUX LIONS, sur socles adhérents, en bronze doré, de style Louis XVI.

810 — PRESSE-PAPIER, formé d'une levrette couchée, en bronze. Sur socle en marbre.

811 — PRESSE-PAPIER, fait d'un petit buste, en bronze doré. Sur socle granit.

812 — PRESSE-PAPIER, formé d'un chien caniche, en bronze patiné et doré. Sur socle en marbre blanc ovale. Époque Louis XVI.

813 — DEUX PRESSE-PAPIER, faits d'un aigle, en bronze. Sur socle porphyre.

814 — ÉCRITOIRE en malachite, godets en cristal taillé, ornée d'un lion en bronze doré ; monture de même métal. Empire.

815 — PAIRE DE VASES-CASSOLETTES en bronze, à couvercle et deux anses têtes de béliers.

816 — Cassolette, faite d'un vase, sur socle rectangulaire ajouré en bronze doré.

17 — Cassolette en bronze doré, sur base en marbre blanc. Style Louis XVI.

818 — Brûle-parfum, de forme antique, sur trépied, avec couvercle ajouré, en bronze patiné et doré. Restauration.

819 — Paire de lampes, faites de vases, en émail cloisonné du Japon.

820 — Paire de grands flambeaux de pagode en émail cloisonné de Chine.

821 — Paire de petits flambeaux en émail cloisonné de Chine : oiseaux.

822 — Paire de bras-appliques, à trois lumières, en tôle peinte en vert et fleurs en porcelaine décorée.

823 — Paire de bras-appliques, à deux lumières, en bronze, du temps de Louis XV, ornées de fleurs en émail.

824 — Trois candélabres, à deux lumières, sur colonnes élevées, supportées par un pied tripode, forme antique. Empire.

825 — Abat-jour, tige de flambeau et mouchette en bronze doré.

826 — Flambeau, à deux lumières, en bronze, sur base coquille en nacre et abat-jour.

827 — Candélabre, formé d'une statuette de Mercure, d'après *Jean de Bologne,* portant une coupe, à six lumières, bronze patiné et doré.

828 — Paire de candélabres, à trois lumières, formés de femmes-vestales, sur bases en marbre blanc cannelé, ornées de cariatides égyptiennes.

829 — Paire de girandoles, à trois lumières, en métal. Empire.

830 — Paire de flambeaux en bronze patiné et doré. Empire, à têtes égyptiennes.

831 — Deux petits lustres, à quatre lumières, en bronze, à têtes d'aigles.

832 — Lustre en bronze, à douze lumières.

833 — Lustre Empire, à huit branches porte-lumières, coupe en cristal portée par des chaînettes.

MEUBLES

834 — Console, faite d'un griffon ailé, en bronze patiné; dessus de marbre.

835 — Support, à deux tablettes de marbre, sur trois pieds à têtes de lions et animaux.

836 — Petit guéridon octogonal, à trois pieds et tablette, en acajou, garni de cuivres.

837 — Console en bois sculpté doré, de style Louis XVI; dessus de marbre.

ÉTOFFES

838 - ÉTOFFE en soie bleu-ciel, avec fleurs brodées so... et or.

Larg., 1 m. 6 cent. ; long., 2 m. 18 cent.

839 — DEVANT D'AUTEL en velours frappé, à dessins rouges sur fond argenté, XVIᵉ siècle.

840 — TAPIS DE TABLE en velours italien. Fin du XVIᵉ siècle.

Long., 1 m. 67 cent.; larg., 1 m. 24 cent.

841 — TAPIS DE TABLE en étoffe grise et broderie au petit point, frange soie, doublure bleue.

Long., 2 m. 80 cent. ; larg., 1 m. 75 cent.

842 — DESSUS DE PIANO en satin rouge, avec application de fleurs brodées; doublure soie rouge.

843 — POCHETTE en soie blanche brodée.

844 — CARRÉ DE VELOURS ROUGE et broderie d'argent.

845 — TAPIS DE TABLE en soie rose et broderie à la chenille; doublure soie rouge.

846 — CHASUBLE, broderie de fleurs et argent sur fond d'or. Époque Louis XIV.

847 — TAPIS DE TABLE, fond crème, feuilles et ornements, frange argent; doublure soie blanche.

Long., 1 m. 6 cent.; larg., 98 cent.

848 — ÉTOFFE DE SOIE RAYÉE, à fond havane, brodée
de bandes bleues et blanches et bouquets de
fleurs.

849 — QUATRE COUPONS BROCHÉS Louis XIV, grosses
fleurs et feuilles argentées.

850 — SEPT FRAGMENTS de soie jaune brodée, avec
bouquets de fleurs, et un plus petit.

851 — HUIT EMBRASSES, soie de couleur variée.

852 — SOUS CE NUMÉRO, seront vendus les objets
omis au présent catalogue.

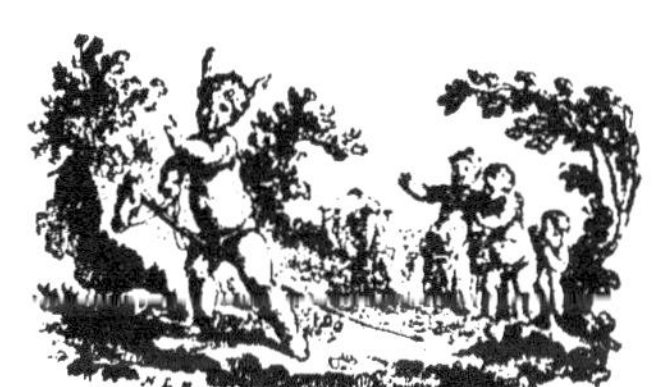

17514 — lundi
29 —
2 7 —
7 —
2 7 1 —
2

10

161
170   28t
174
634
655
656

10

610
424
474
582

9 782329 543895